Max. [from old catalog]
Lo

wisch, Max Löwisch

Zur englischen Aussprache von 1650-1750

nach frühenglischen Grammatiken

Max. [from old catalog]
Lo
‥
wisch, Max Löwisch

Zur englischen Aussprache von 1650-1750
nach frühenglischen Grammatiken

ISBN/EAN: 9783744654432

Hergestellt in Europa, USA, Kanada, Australien, Japan

Cover: Foto ©Suzi / pixelio.de

Weitere Bücher finden Sie auf **www.hansebooks.com**

Zur

Englischen Aussprache

von

1650—1750

nach

frühenglischen Grammatiken.

Inaugural-Dissertation

der hohen philosophischen Fakultät zu Jena

zur

Erlangung der Doktorwürde

vorgelegt von

Max Löwisch.

Kassel 1889.

Verlag von Theodor Kay,
Kgl. Hof-Kunst- u. Buchhandlung.

Seinem lieben Freunde

Rudolf Wiedemann

ein Gruss nach England.

Seit wenig Jahren erst hat die französische und englische historische Grammatik angefangen, der Entwicklung der Aussprache während der letzten Jahrhunderte eingehendere Aufmerksamkeit zu schenken. 1869—1874 veröffentlichte Alexander J. Ellis für die Early English Text Society in London das umfangreiche, 4 Bände mit 1432 S. umfassende Quellenwerk: „On Early English Pronunciation, with especial reference to Shakespere and Chaucer, containing an investigation of the correspondence of writing with speech in England from the Anglosaxon period to the present day"; für das Französische erschien von Charles Thurot Paris 1881—1883 eine ähnliche, aber stofflich und zeitlich enger begrenzte Arbeit in 2 Bänden: „De la Prononciation Française depuis le commencement du XVIe siècle, d'après les témoignages des grammairiens." Beide Werke sind grundlegend, ihrer Anlage nach aber natürlich nicht darauf berechnet, den ganzen vorhandenen Stoff in abschliessender Behandlung zu geben. Zu dem englischen hat der deutsche Gelehrte Wilhelm Vietor, den inzwischen eingeschlagenen Weg mehr spekulativer Untersuchung verlassend, neues Material geliefert in der kleinen, 1886 zu Marburg erschienenen Festschrift (Fschr.): „Die Aussprache des Englischen nach den Deutsch-Englischen Grammatiken vor 1750" (dazu Engl(ische) St(udien) X 361); vollständiger in der zweiten Auflage seiner „Elemente der Phonetik und Orthoepie" Heilbronn 1887 (El.), einem Werke, das im ersten Teil fürs Französische, Englische und Deutsche die Entwicklung der Aussprache etwa seit Schluss des XV. Jahrhunderts (Jh.) in kurz zusammenfassender Darstellung verfolgt. Als eine Art Anhang beider ist kürzlich von W. Bohnhardt, einem Schüler Vietors, der Aufsatz erschienen: „Zur Lautlehre der Englischen Gramatiken des XVII. und XVIII. Jahrhunderts" Phonetische

1

Studien II. 1. 1888 (Ph. St.) S. 64—82, dessen Schluss noch nicht vorliegt.

Auch zu nachstehender Untersuchung haben Prof. Vietors Arbeiten den Weg gezeigt; es sollen noch eine Anzahl englischer Grammatiken (Gr.) und Wörterbücher (Wtb.) aus der zweiten Hälfte des XVII. und der ersten Hälfte des XVIII. Jh. nach ihrem Lautstande geprüft werden*). Die Aufgabe erscheint nicht überflüssig, trotzdem Bohnhardts Neuveröffentlichung einen Teil des ursprünglich mitbehandelten Stoffes vorweg genommen hat. Einmal bietet das gebliebene Material den Vorzug höheren Alters — die frühen holländisch-englischen (hll.-e.) Gr. sind überhaupt noch nicht benutzt — zweitens trägt die vermehrte Kenntnisnahme auch von Werken späteren Datums wenigstens dazu bei, über die allgemeine Frage der Abhängigkeitsverhältnisse mehr ins Klare zu kommen — von diesem Standpunkt aus rechtfertigt es sich, dass die Angaben schon benutzter Gr., besonders wenn es sich um kleine Nachträge handelt, nicht immer ausgeschlossen werden — und drittens war die Absicht, statt einer blossen Aufzählung der Angaben, mehr auf das Ganze des geschichtlichen Lautwandels Rücksicht zu nehmen, genauer zu bestimmen, an welcher Stelle und in welcher Weise sich das neue dem schon bekannten Materiale einfügt.

Aus diesem Grunde weicht auch die Anordnung des Stoffes von der herkömmlichen Art ab. Beim Vokalismus besonders erschien es im Interesse einer einheitlichen Zusammenstellung des Gefundenen geboten, ähnlich wie Vietor in den El. eine zusammenhängende Darstellung zu geben von der Entwicklung eines jeden Lautes — nicht wie gewöhnlich, Schriftbildes — für sich. Die allmähliche Wandlung der Klangfarbe, die zeitlichen Verhältnisse grosser sprachlicher Übergänge, die Zunahme des Umfangs, der Ausbreitung eines bestimmten Lautes über Buchstaben, die, ursprünglich verschieden klingend, nach und nach in einander überfliessen, wie umgekehrt die Abzweigung ursprünglich gleichklingender Vokale in Folge des Einflusses benachbarter Konsonanten treten im Zusammenhange

---

*) Sie befinden sich sämtlich auf der Universitätsbibliothek zu Jena, die gleichfalls eine Anzahl frühfr. Gr. aufweist.

der Angaben deutlicher hervor, vielleicht auch ohne dass die Übersichtlichkeit darunter zu leiden braucht. Die gelegentlich notwendige kurze Orientierung über die Vorgeschichte eines Lautes oder Schriftbildes schliesst sich an Vietor und Ellis an; auf Ellis beziehen sich die Zahlen ohne vorgestellten Namen; von Vietor stammt das Vokalsystem und die Lautbezeichnung (s. die Tabelle am Schluss mit ganz geringfügigen Abänderungen).

Zur Verwendung kommen folgende Werke:

1650. — A French-English Dictionary, Compil'd by Mr Randle Cotgrave: With Another in English and French. Whereunto are newly added the Animadversions and Supplements .. ot James Howell Esquire. London, Printed by W. H. for Luke Fawne, and are to be sold at his shop at the signe of the Parrot in Pauls Church-yard. 1650. — Der Titel des zweiten Teils: Dictionaire Anglois et François, pour l'utilité de tous ceux, qui sont desireux de deux Langues. Darunter dasselbe auf Englisch. By Robert Sherwood Londoner. London, Printed by Susan Islip. 1650.

Fol. Der erste, bei weitem umfangreichere französisch-englische (fr.-e.) Teil ist eine Umarbeitung des 1611 von dem Engländer R. Cotgrave verfassten Dictionaire of the French and English Tongues (I. 38). Die Vorrede „The Epistle Dedicatory" „To The Nobility and Gentry of Great Britain That are desirous to speak French for their pleasure, and ornament; As Also To all Marchant Adventurers as well English, as the worthy Compagny of Dutch here resident, or others to whom the said Language is necessary for commerce and Forren correspondence" ist von James Howell. Ihr folgt: „The French Grammar", die den 1611 angehängten: „Briefe Directions" entspricht. Sie ist viel ausführlicher und besonders in der Lehre von der Aussprache: „Of the French Letters" eine eigene Zuthat Howell's zu nennen. Der am Schluss des II. Teiles angefügte wichtige Abschnitt: „Adresses bien briefves pour aider aux Estrangers à prononcer la langue Angloise" stammt wohl von dem Londoner Sherwood, der schon 1632 in zweiter Auflage eine fr. Gr. veröffentlicht hatte; s. Thurot, Introduction.

1662. — A New English Grammar, Prescribing as certain Rules as the Language will bear, for Forreners to learn English: Ther is also another Grammar of the Spanish or Castilian Toung, With som special remarks upon the Portuguez Dialect. Whereunto is annexed A Discours or Dialog containing a Perambulation of Spain and Portugall, which may serve for a direction how to travell through both Countreys. For the service of Her Majesty, whom God preserve. London, Printed for T. Williams, H. Brome, and H. Marsh. 1662.

Daneben der Titel span(isch). Kl. 8°. Nach annexed steht in dem benutzten Exemplar handschriftlich: cf. Temler, unter preserve: By James Howel. Auch die anonyme Vorrede „To the sagacious Reder" ist mit James Howel unterschrieben. Sie sucht einen kurzen Stammbaum des E. und Span. zu geben und nennt als Zweck des Werkchens: „Now, touching this new English Grammar, let not the Reder mistake, as if it were an English Grammar to learn another Language, as Lillie is for Latin, and Littleton for French (I. 228). No, This is a meer Grammar of the English it self for the use of Forreners; With a modest reserche into som solecismes that are in the ortography and speaking". Die verbesserte Rechtschreibung, deren sich der Verfasser bedient und seine Reformvorschläge, besonders in dem Kapitel: „Of divers superfluous Letters in the English Orthography; and som Solaecisms discovor'd in the common practice of the Language" S. 83—89 geben einigen Anhalt für die Bestimmung der Aussprache. Die Bemerkungen über die Rechtschreibung schliessen die e. Gr. und sind, wie die folgende „Spanish Grammar" S. 92—175 nur E. geschrieben, während vorn der Text E. und Span. gegenübersteht. Die Aussprache S. 1—42 in 2 Abschnitten (I Of the English letteis, with their pronunciation and som special remarks upon them; II Of Syllabes or Syllables, hier die Lehre vom Accent) zeigt stellenweise fast wörtliche Übereinstimmung mit Sherwood 1650; auch mit Ben. Jonson 1640 (I. 39)? Der Verfasser ist unzweifelhaft J. Howell, der Herausgeber des ersten Werkes, der sich in einer früheren Schrift „one of the clerks of his Majesty's (Karl I.) most hon. Privy Councell" nennt. Er ist Engländer, hatte aber jahrelang das Festland, besonders die Länder romanischer Zunge bereist und seine Eindrücke in den anscheinend vielgelesenen „Familiar Letters" niedergelegt.*)

1672/75. — A Copious English And Netherdutch Dictionary, Comprehending the English Language with the Low-Dutch Explication, With an Appendix of the Names of all kind ot Beasts ... as also A Compendious Grammar for the Instruction of the Learner. Composed out of the best English Authors, By Henry Hexham And in this New Edition Amended, Enlarged, and Enriched with many Words, By Daniel Manly. Rotterdam, Printed by the widdow of Arnold Leers at the old Head, 1675. Daran schliesst sich als zweiter Teil obwohl 3 Jahre früher fertig: Dictionarium, Ofte Woordenboek Begrijpende den Schat der Nederlandtsche Tale met de Engelsche Uytlegginge, Verrijckt met een korte ende bondige Nederduytsche Grammatica, T'samen gestelt door Hendrick Hexham. Ende nu van nieuws Oversien, Verbetert, ende met een groote menighte Woorden ende Spreucken Vermeerdert Door Daniel Manly. Tot Rotterdam By Arnoud Leers, 1672.

4⁰. Das Privilegium, unter Joh. de Witte's Namen ausgestellt, ist auch im ersten Teil 1672 datiert. Das Wtb. ergiebt nichts für die Aussprache, die beiden Gr. wenig. Das ganze scheint besonders fürs Niederländische nicht recht zuverlässig. Die hll. geschriebene Gr. berücksichtigt nur die Konsonanten, — Der ursprüngliche Verfasser Hexham ist Engländer und alter Soldat, der, wie es scheint, die niederländischen Kriege mitgemacht hat. Möglicherweise ist deshalb die Abfassung des Werkes in den Anfang des Jh. zurückzuversetzen.

1677. — Anglo-Belgica. The English and Netherdutch Academy. In Three Parts. Containing The Exactest Grammar-Rules, most Usefull Discourses and Letters, with a Copious Vocabular, fitted to the Capacities of all sorts of Persons Being a work brought to greater perfection than any ever formerly extant;. Whereby men may, with a little pains, speedily attain to the compleat knowledge of both the Lan-

---

*) Die „English Reprints" drucken 1868 seine „Instructions For Forreigne Travell" ab (II. 1650 in Jena), denen der Herausgeber die „Epistolae Ho Elianae" (I. 1645, VIII. 1713, IX. 1726 in Jena) mit ausführlicher Lebensbeschreibung des Autors folgen zu lassen verspricht. Darnach ist Howell um 1594 in Abernant, Caermarthenshire, Wales geboren.

guages. By Doctor Edward Richardson. At Amsterdam, By Steven Swart Bookseller, on the West-side of the Exchange in the Crowned Bible, 1677. With Priviledge for 15 years. Der hll. Titel daneben. 12⁰. Die Vorreden, eine vom Verfasser und eine vom Buchhändler, geben über Entstehung und Zweck des Werkes Aufschluss. Richardson will die Arbeit auf das Anerbieten des Buchhändlers hin übernommen haben „because of the gross faults in other little Books of this sort already extant; in some of which I can compute about three thousand, in others more". Es soll dem Schüler des E. sowohl wie des Hll. ein neues, gründliches und fehlerfreies Lehrbuch in die Hand gegeben werden. „That we have presumed to entitle this Book an Academy, may roeive a favourable Interpretation, when the varietie of its matter, relating to severall sorts of things, worthy to be known in Morality, Laws, Medicin and Merchandise, shall be considered, together with the demonstration of the Harmony of these Languages with others, as Greek, Latin and French". — Der erste Teil 349 S. umfasst die e. geschriebene hll. S. 1—169 und die hll. geschriebene e. Gr. Der zweite Teil 161 S. enthält „usefull Sentences, Proverbiall Expressions, Dialogues, Letters, Bills of Exchange, and other things relating to Merchandise", um sowohl Hll. wie E. zu lernen. Er trägt das Datum 1676. Der letzte, unpaginierte aber wenigst umfangreiche Teil mit derselben Jahrzahl giebt ein e.—hll. Wtb. ohne Accente. In einer dritten, textlich fast unveränderten Auflage aus dem Jahre 1698, dem Titel nach: „Amended and enlarged with a great many new and choise dialogues", fehlt die hll. Gr. — Der erste Teil ist aus 3 Unterabteilungen zusammengesetzt: I. Orthography and Orthology, that is, right Writing and Pronouncing of Letters, Syllables, and words; with the use of Accents. II. Etymology (Formenlehre), und III. Syntaxis. Die erste Abteilung führt S. 1—43 die hll., S. 173—244 die e. Aussprache in paralleler Behandlungsweise vor: Kap. I. die Buchstaben (1. einfache, 2. Diphthonge und Triphthonge, 3. zusammengesetzte Konsonanten), Kap. II. die Silben, Kap. III. „Advertissementen nopende het recht verstaan, formeeren en pronuncieren van Engelsche (Netherdutch) Syllaben en Woorden te samen." Hier erinnert der erste Abschnitt: „Van soodanige Syllaben en Woorden, als de Letteren begrijpen, die men schrijven moet, maer niet pronuncieren" an Howell. Weiterhin sind, um dem Anfänger das Lernen zu erleichtern, eine Reihe von Listen zusammengestellt: Worte, die im Hll. oder E. gleich oder ähnlich lauten, Worte, die im E. verschiedene Orthographie aber gleichen Klang, verschiedenen Sinn aber dieselbe Aussprache haben etc. Sie kehren später zum Teil wörtlich bei Pell wieder (S. 17). Da der konstatierte Gleichklang überall mit grosser Vorsicht aufzunehmen ist, sind sie nirgends benutzt worden.

Die Regeln sind verhältnissmässig ausführlich, die Lautbestimmung wie bei der Mehrzahl oberflächlich, ohne tieferes phonetisches Eingehen; hie und da finden sich Transskriptionen. Gelegentlich hervorgehobene schottische und norde. Eigentümlichkeiten, wie der Lautstand im allgemeinen scheinen darauf hinzuweisen, dass der Verfasser nicht selten die spezielle Aussprache eines Teils von Nordengland vertritt. In vielen Punkten tragen die Angaben das Stempel wesentlich höheren Alters, als das Datum der Veröffentlichung angiebt. Das Werk macht in der Vorrede den Anspruch einer selbständigen Quelle; bekannt sind dem Autor Wilkins Universall Character (I. 41), Wallis (I. 41), Vossius und ein „English and Netherdutch Instructer" dessen Verfasser „in his day a publick Preacher" gewesen war. Richardson ist Engländer, anscheinlich ein höher gestellter Geistlicher. Dr. Wilkins „afterwards Bishop of Chester" (stimmt nicht zu den Angaben bei Ellis) wird von ihm sein Nachfolger genant. Als Anhänger der Idee des „universal character" dokumentiert sich der Verfasser am Schluss des ersten Teils durch die Bemerkung: „Dese weynige Voorbeelden konnen dienen om eenigh licht in de kennisse der Engelsche Taale te geven; tot dat de Harmonie ofte gelijckheyt van alle Taalen klaarder en openbaarder werdt door de kennisse des Algemeyne Characters".

Hier schliesst sich an:

1708. — a Large Dictionary English and Dutch, in two Parts: Wherein each Language is set forth in its proper form; the various significations of the Words being exactly noted, and abundance of choice Phrases and Proverbs intermixt. To which is added a Grammar for both Languages. the First part. Groot Woordenboek der Engelsche en Nederduytsche Taalen. — Het Tweede Deel: Groot Woordenboek Der Nederduytsche en Engelsche Taalen, Door W. Sewel. T'Amsterdam By de Weduwe van Steven Swart, by de Beurs, 1708. 4º. Der lateinischen Dedikation, den „Conspicuis ac eruditione praeditis Viris, Nicolao Muys van Holy, et Guilielmo Arnoldo yurisconsultis", folgt die hll. geschriebene Vorrede, der zufolge die zweite, vermehrte und verbesserte Auflage vorliegt. Beide sind mit Amsterdam 1707 und dem Namen des Verfassers unterzeichnet. Der erste Teil enthält 648 S. An das kurze Vorwort zum zweiten Teil schliesst sich: „Beknopt Vertoog wegens de Engelsche Spraakkonst" auf 36 S; hieran S. 37—92 „A Brief And Compendions Dutch Grammar". Das hll.-e. Wtb. hat 667 S. Die e. Aussprache ist S. 2—8, die hll. S. 38—40 nach den einzelnen Buchstaben in alphabetischer Reihenfolge behandelt. Für die hll. Laute ergiebt sich auch manches aus der „Korte Verhandeling wegens de Nederduytsche Spelling" S. 85—92. Die zahlreichen Transskriptionen halten sich mehr wie anderswo von Ungenauigkeiten und Inkonsequenzen frei, obgleich es weder hieran noch an Druckfehlern mangelt. Die Regeln sind exakter und die ziemlich ausführliche Lautgebung deswegen um so bestimmter, als ein anderes Werk desselben Autors zur Vergleichung herangezogen werden konnte: Grammaire Flamande de Philippe la Grue. Nouvelle Edition, corrigée . . et revue par Guillaume Sewel T'Amsterdam MDCCXLIV (Gr. Fl.), in welchem zum Teil dieselben Angaben und Beispiele durch die fr. Aussprache erläutert wiederkehren. Leider kann Sewel, der ein Holländer ist, auf Selbständigkeit in den Angaben keinen Anspruch machen. Er sagt am Schluss des Werkes von sich selbst: „I never was in England, but onely a matter of ten months, and that about fourty years ago" und beklagt sich, dass er zudem an einem Ort lebe, „where one cannot have recourse continually to an understanding Englishman". Bei der Kompilation scheint ausser seinen hll. Vorgängern noch Miege benutzt zu sein.

Drei Jahre früher war erschienen:

1705. — Choise English and High-Dutch Dialogues and Letters, Together with a Vocabulary. Auserlesene Englisch und Teutsche Gespräche und Brieffe / Sammt einem Vocabulario Von den nöthigsten Wörtern / und einer Kurtzen Grammatica. Leipzig bey Thomas Fritschen. 1705.

8°. Die Gr. fasst 56 S.; die Aussprache wird auf der vorgehefteten „Tabelle zum Lesen, Decliniren und Conjugiren", in der folgenden „Erklärung der Tabelle vom lesen" und S. 7—11 in dem Kapitel: „Von dem Accent" behandelt. Das übrige ist Formenlehre. Die Schlussbemerkung S. 52: „Was man sonsten in diesem Compendio nicht findet / dessen kan man sich aus einer weitläufftigern Grammaticke erholen / dergleichen mit der zeit / wo Gott will, folgen wird / wie auch ein vollständiges / aus den besten und neuesten Englischen Dictionariis zusammen gelesenes Englisch - Teutsch-Frantzösisch Lexicon, welches schon unter der presse ist; und bey dem Herrn Verleger hiervon wird zu finden seyn" kennzeichnet als den anonymen Verfasser den Leipziger Magister Christian Ludwig, dessen weitere grammatischen Werke hier folgen:

1717.—M. Christian Ludwigs Gründliche Anleitung Zur Englischen Sprache, Bestehend In einer vollständigen Grammatica, Vokabulario, Gesprächen, Redensarten, Complimenten, Briefen, Sprüchwörtern, und Argumenten. Leipzig Bey Thomas Fritschen, 1717.

8°. 997 S. Das sehr umfangreiche Buch trägt die Widmung: „To The Most Honoured John Chamberlayne, Esq. Fellow of the Royal Society at London, and of that at Berlin", Verfasser von: Collection of the several Translations of the Lord's Prayer. The present State of Great - Britain. Dissertation of the Genius and Potestas of the English Language. Der „Nöthige Vorbericht Anlangend Den Gebrauch dieses Buches" charakterisiert L(udwig)s Ansichten, wie die Grammatik, speziell die e., zu lehren und erlernen sei. Das Hauptgewicht ist auf eine gute, rationelle Methode zu legen. „Von dem docente wird erfordert, dass er ein guter Grammaticus sey, und die regeln und observationes der Grammatic, und deroselben rationes wohl inne habe. Es setzt sich alles fester im verstande des discentis, wenn der docens die fundamenta und rationes idiotismorum a priori scientifice und demonstrative gibt". Die bloss „empirische" Erlernung, „aus dem gehöre, und durch die praxin à posteriori, wenn auch im lande selber" ist unzureichend und lässt Raum zu Zweifeln.

„Ob ich schon der Englischen sprache über 30 jahre mächtig bin, muss ich bekennen, dass ich von vielem keinen solchen deutlichen concept gehabt, als itzo, seit ich diese Grammatic verfertiget, dieweil solche sprache anfangs nur aus dem gehör und ex usu erlernet habe." Der „discens" hat sich zunächst im Lesen zu üben, sodann „das nöthigste vom decliniren und conjugiren, sonderlich die Tabelle des Verbi Activi und Substantivi" sich bekannt zu machen. Das „Exponiren" beginnt am besten mit dem neuen Testament „dem Evangelio Johannis", an das sich „ein historisches Buch, oder sonst ein leichter Autor, z. e. der Autor der gantzen pflicht des menschen" zu schliessen hat. „Zum componiren oder reden" ist nur mit Beihülfe „eines guten Maitre" zu schreiten. — Die Gr. reicht bis S. 784. Ihr folgt: „Ein Wörter-Buch der nöthigsten und gemeinesten Partium Orationis", fast wörtlich aus die Choise Dialogues von 1705 herübergenommen, nur mit dem Unterschied, dass sich dort die Accentbezeichnung noch nicht findet. Es ist der allgemeinen Mode halber beibehalten worden, obwohl „man die Vocabula weit besser durch das exponiren ausm contexte lernen kan". Gleichfalls Übereinstimmung mit 1705 zeigen die folgenden 13 Dialoge (der Vorrede nach aus Offelen, Engl. St. entnommen) und Briefe. Neu sind S. 859—906 die „Useful Phrases, courteous Expressions, and other Elegancies of tho English-Tongue"; die Sprüchwörter S. 942—976, und S. 977—994 die „Argumentlein (d. h. Stücke zum Übersetzen aus dem Deutschen (D.) ins E.) zum Componiren über die Verba im Vocabulario". Ein „Fasciculum etlicher e. Vocum und Phrasium cognatarum nebst deren differentiis und wahrem genio oder eigenschaft, wie, wo und wenn man selbe eigentlich gebrauchen oder nicht gebrauchen solle" ist der Raumersparnis halber weggefallen; dsgl. eine kurze d.-e. Gr. „so einem Teutschen hätte können an stat eines Exponirbuches dienen". — Die Gr. selbst hat 2 Hauptteile 1) die Notatio oder Etymologica, So die einzeln wörter separatim oder absolute betrachtet, und deren accidentia oder affectiones, (pronunciation, rechtschreibung, flexibilität, derivation und composition) abhandelt, und 2) die Syntaxis. Im ersten Teile sind Kap. I—VI (187 S.) der Aussprache gewidmet (I. „Von den buchstaben und sylben"; II. „Von der pronunciation insgemein, nebst etlichen general-regeln"; III. „Die specialregeln von der pronunciation, nach der ordnung des alphabets.";

IV. „Von dem accentu implicito und dessen stelle"; V. „Von lesung der abbreviaturen, so aus der geschwinden pronunciation entstehen, und zahlen, nebst einer praxi zum lesen, beydes nach der langsamen und geschwinden pronunciation, aus Joh. I^u; VI. „Von der orthographie der Englischen wörter, wie auch von der syllabization". Zum Schluss „Ein catalogus etlicher wörter, welche man wegen ihrer verschiedenen orthographie oder pronunciation oder bedeutung wohl unterscheiden muss" mit durchgehender Transskription). In diesen 6 Kap. giebt der Verfasser im Gegensatz zu den mehr vereinzelten Bemerkungen anderer Gr. zum ersten Mal eine vollständige, systematisch gehaltene Darstellung der e. Lautlehre, die auch die Aussprache lat. Worte mit umfasst. Ein Ansatz dazu schon 1705. Dauer und Klang der Vokale wird nach folgendem Schema bestimmt: I. betont oder II. unbetont [a) im Vorton, b) im Nachton.] — I. 1. in offner Silbe [Syllaba simplex: a) im Wortauslaut, b) im Silbenauslaut vor Vokal, c) im Silbenauslaut vor Konsonant]; 2. in geschl(ossener) Silbe [Syllaba composita propria] 3. in einer Syllaba composita impropria d. h. vor einfachem Konsonant +e mutum. Die „Spezialregeln" sind nahezu erschöpfend, Beispiele und Transskriptionen ungemein zahlreich. — Für die einzelnen *Sprachlaute*, bes. in unbetonter Silbe, ist in Rechnung zu ziehen, dass L. 3 Arten der Aussprache unterscheidet, die eine, wie sie „in gewissen provintzen vom gemeinen volke", die andere, wie sie — entweder schnell oder langsam — „um London herum" oder von den „gelehrten insgemein durch gantz England" gebraucht wird. Die langsame „in pronuncirung der Lateinischen Sprache, im predigen und ernsthafften lesen in der bibel" angewandt „weichet selten von der orthographia ab, indem man meistentheils die worte und buchstaben deutlich ausspricht wie sie gedruckt oder geschrieben stehen". Anders die „im gemeinen reden, in lesung der comödien und verse" gebrauchte „geschwinde" Aussprache, die — zu wirklichem Englisch Sprechen unentbehrlich — L.'s Darstellung zu Grunde liegt, ähnlich wie früher Miege (I. 43; Ph. St.) die „pronunciation familiére" sich zum Vorbild gesetzt hatte. Auch die Dialoge sind nach der geschwinden Aussprache eingerichtet. Was Victor als *„Sprachgefüge"* bezeichnet, ist gleichfalls von L. nicht unberücksichtigt gelassen. Von der **Artikulationsweise** heisst es,

„dass die Engländer gerne ihre worte im vördersten theile des mundes, gelinder aussprechen, als wir". — die Deutschen „mehr aus dem halse oder im hintersten theile des mundes"; die Franzosen mehr „hineinwerts gegen den gaumen zu". Die Engländer reden „nicht so geschwinde, wie die Frantzosen, aber geschwinder als die Teutschen, indem sie 1) mehr monosyllaba haben, 2) viele von diesen aussprechen, als wenn sie enclitica oder atona wären und zwei oder drei Worte zusammen in eines ziehen, und 3) die vocales gerne verkürtzen und verbeissen". — Der Klang ist wie überall Ausgangspunkt und Grundlage der Betrachtung; die Artikulation im einzelnen wird nur wenig berücksichtigt. Für die Dauer ergeben sich folgende „Generalregeln": Länge steht: 1) in betonter offner Silbe; 2) in unbetonter offener Anfangs- und Endsilbe der Lateinischen, Griechischen und Hebräischen Worte, auch in ihrer Englischen Derivation und Komposition, z. B. annihilation, unite; 3) in betonter syllaba composita impropria. Kürze: 1) in betonter geschl. Silbe; 2) in unaccentuierter Silbe; 3) selbst in betonter offner Silbe in Folge von „doppelnder pronunciation" des folgenden Konsonanten. In vielen Worten macht „die geschwinde pronunciation" die offene zur geschl. Silbe, dadurch, „dass der nechstfolgende consonans zum vocali genommen, oder gleichsam gedoppelt gelesen wird, als wenn ein dagesh forte in besagtem consonante gezeichnet stünde", als ácid = äss-ssid. Iu geschl. Silbe entsteht dann regelmässig Kürze; dasselbe auch unbetont in der e. Derivation, z. B. denominate und denomination. Stärke und Höhe werden beim Accent berührt: Sect. V „Vom accentu eines aggregati und einer sententz" VI „Vom thone der stimme, und von der emphasi" („Der Thon behält den gebräuchlichen accent bei, verändert aber die inflexion oder beugung der stimme: hoch, niedrig, laut, leise, die affecten des gemüths zu exprimiren oder zu bewegen — Unterschied einer demüthigen, unverschämten, behertzten, zornigen Stimme; die emphasis exprimiret gewisse worte mit einer erhabenen stimme und gibt oft selbst einem wort das sonst atonum ist, einen mercklichen accent, z. B. in den interrogationibus, admirationibus, exclamationibus, exprobrationibus"[*]).

---

[*] Dieselbe Definition bei Boyer (S. 18) in der Doppelgr. von 1718 S. 45.

Auch sachlich scheint die von L. gegebene Aussprache nicht ohne Wert. Benutzt ist wohl Jones (I. 44. IV. 1001), vielleicht der English Scholar (IV. 1001)?; wenigstens stimmen besonders die Abkürzungen und Zusammenziehungen wie mit dem späteren Watts (S. 15) vielfach überein. Jedenfalls aber geht L. selbständig mit der gesprochenen Sprache fort. Die „Choise Dialogues" haben noch fast denselben Lautstand wie Jones; 11 Jahre später weicht derselbe Autor in vielen wesentlichen Punkten im Sinne der weiter entwickelten Sprache davon ab. — Die späteren d. Gr. beruhen fast durchgehends mehr oder weniger auf L. Schon Beuthner 1711 (Fschr.) lehnt sich wesentlich an die Tabelle der Choise Dialogues an, während Tiessen 1705 (Fschr. 2) besonders Miege benutzt (vgl. die Angaben Miege's bei Ellis und Bohnhardt mit denen von Tiessen bei Vietor). In einer Untersuchung der Abhängigkeitsverhältnisse wird jedenfalls gerade L. besonders zu berücksichtigen sein. Es ist desshalb wohl berechtigt, seiner Darstellung im Folgenden einen breiteren Raum zu vergönnen als den übrigen. — Die eigentliche Gr., die der Art der Behandlung nach auch vieles enthalten soll, „that may seem both new and paradoxal", bleibt einer späteren Betrachtung aufbewahrt. — 9 Jahre später veröffentlichte L:

1726. — M. C. Ludwigs Rudimenta Der Englischen Sprache, Für die Incipienten. Nebst einem Vorberichte an die sämtlichen Gelehrten in Teutschland ! so Liebhaber der Englischen Sprache sind, darinn seine Anleitung zur besagten Sprache von Herrn Lediards Betadelungen und Beschmitzungen gerettet wird, Und zugleich viele dienliche Philologica incidenter mit berühret werden. Leipzig Bei Joh. Fr. Braunens seel. Erben, 1726.

8º. Der grammatische Teil erstreckt sich nur über 54 S. Anhänge irgend welcher Art fehlen. 24 S. sind der Aussprache gewidmet, die weiter nichts als einen kurzen wenig veränderten Auszug aus der „Anleitung" giebt, auf die immer verwiesen wird. Die „weitläuftige Gr." von 1717 sollte nicht „für die Incipienten" dienen, „weil die meisten, so Englisch lernen wollen, schon erwachsen sind, und die Lateinische Grammatic vorher begriffen haben". Die grössere Hälfte des Buches wird vom „Vorbericht" eingenommen. Ein

Jahr nach ihrem Erscheinen war die „Anleitung" von Arnold (Fschr. S. 5), 1725 noch heftiger von Lediard (IV. 1040) angegriffen worden. Beide wenden sich besonders gegen die Aussprache (Lediard S. 279: „Dieses bin ich auch ziemlich versichert / dass wer nach des Herrn Ludwicks Regel zur Erlangung der geschwinden Pronunciation, und nach seiner Praxi zum Lesen / nach dieser sogenannten geschwinden / oder vielmehr confusen, Pronunciation gehen wollte / wohl einen Mischmasch oder Knuderwelsch sprechen, die rechte, reine Pronunciation der englischen Sprache aber in Ewigkeit nicht erlernen würde"). Gegen solche und ähnliche Vorwürfe wendet sich der „Vorbericht" in energischer Weise. — Led(iard) hat übrigens neben König (Fschr.) und den Engländern Wallis, Greenwood (Ph. St.) und Brightland L's. „Anleitung" selbst offenbar ganz erheblich benutzt. Die Abänderungen in der Aussprache stehen unleugbar in vielen Einzelheiten dem modernen Gebrauch näher. Dafür ist aber Led. nicht nur 40 Jahre jünger und geborener Engländer, sondern er vertritt möglicherweise auch die oft ausschlaggebende Sprechweise des gewöhnlichen Volkes — nach L.'s Darstellung war er Galanteriewaarenhändler und in wenig feinen Kreisen aufgewachsen — während L. die Sprache der fein gebildeten Gesellschaft wiedergiebt (Storm, E. Philog. 127.). In der Behandlungsweise und der wissenschaftlichen Gesamtauffassung der Sprache steht L. entschieden über seinem Rivalen. — Während eines 20jährigen Aufenthalts in England, wohl gegen den Schluss des Jh., scheint L. fast ausschliesslich in London gewohnt zu haben. Wilkins erwähnt 1668 (I. 178) neben Holder einen Mr. Lodowick, der sich eifrig mit sprachlichen Studien beschäftigt habe. Dies scheint zu früh. Er verkehrte jedenfalls in guter litterarischer Gesellschaft und blieb mit e. Gelehrten in dauernder Korrespondenz. Chamberlayne, der Lord-Chief-Justice Parker, der Theolog D. Wotton, D. Will-Nicholson, Bischof von Carlisle und selbst der berühmte Hickes drücken ihm ihre Anerkennung für seine sprachlichen Arbeiten aus. In Deutschland liess er sich in Leipzig, vielleicht als Lektor an der Universität nieder. Die e. Sprachkunde verdankt ihm noch 2 Werke: 1) „A Dictionary English German and French . ." mit Accenten. Leipzig, Fritzsche 1706 *4⁰. II. 1736*, III. 1763* (* = befindet sich in Jena). 2) „Teutsch-

Englisches Lexicon" Lpzg. 1726* 4⁰, 1832* zum letzten Mal aufgelegt.

Zeitlich etwas zurück führt:

1712. — Seclecta Anglicana, seu Varia Exempla Styli Anglicani, in gratiam eorum, qui, libris Anglicis destituti, hanc linguam addiscere aut aliis tradere cupiunt, Ex Scriptoribus maximam partem recentioribus congesta, Cum annexa pronuntiandi Ratione, Tab. Etymol. et Exposit. vocum ac phrasium difficiliorum. Praefationem De Linguae Anglicanae Usu Eamque Addiscendi Facilitate addidit Martinus Hassen Moral. ac. Civil. P. P. Extraord. Vitembergae Apud Chr. Theoph. Ludovicum. MDCCXII.

8⁰. Die Vorrede S. 3—32 ist lateinisch geschrieben. Ihr folgt auf einer 4⁰ Seite die Ratio pronuntiandi — eine dürftige Kompilation — die Tabula Etymologica d. h. Paradigmata zur e. Flexion, und ein bibliographischer Anhang: „Qui rudimenta haec ex libellis Grammaticis haurire cupit, sequentes potissimum notet": Wallis, ein Hamburger Nachdruck 1688 (I. 4); Joh. Bodensteiner, Tiessen („habet optimam syntaxin"), Mauger, Festeau, Miege. (Fschr. und Ph. St.).

„Lexica vero et Dictionaria praecipua habentur": Elisba Coles, E.-Lat. Lat.-E. London 1679; Edw. Philipps, New world of English words London 1658; Miege Hague 1691; Boyer, Royal Dict. Fr.-E., E.-Fr. 1699; Ludwig, E.-Deutsch-Fr. — Vgl. S. 21, S. 18. S. 14. Der übrige Inhalt entspricht dem Titel. Das Vokabularium hat keine Accente.

1721. — The Art Of Reading and Writing English: Or, The Chief Principles and Rules of Pronouncing our Mother-Tongue, both in Prose and Verse; with a Variety of Instructions for True Spelling. Written at first for Private Use, and now Published for the Benefit of all Persons who desire a better Acquaintance with their Native Language. By J. Watts. London: Printed for John Clark, at the Bible and Crown in the Poultry, near Cheapside. MDCCXXI.

Vgl. Ph. St. 68/69. kl. 8⁰ 159 S. Die Widmung an die 3 Töchter des Sir Thomas Abney, Knt. and Alderman of London, ist mit Theobalds in Hertfordshire, July 31. 1720. unterzeichnet. Der Hauptzweck der Veröffentlichung ist nicht, dem Unterricht kleiner Kinder zu dienen, sondern „to improve the Knowledge of Persons, advanced beyond Childhood."

Ihnen soll ein Buch in die Hand gegeben werden, das imstande ist, "to lead English Readers into an easy acquaintance with their Mother-Tongue, without constraining them to acquire the Knowledge of other Languages". — Von den 24 Kap. sind die 12 ersten dialogisch geschrieben. Im Vorwort macht der Autor Vorschläge, wie der Primer und das erste Spellingbook besser einzurichten seien; in Kap. XIV "Directions for Reading" und Kap. XXI "General Directions for Writing and Spelling" giebt er Vorschriften für den Unterricht. Kap. XV behandelt den Satzaccent. Kap. XX: Of reading verse; zahlreiche Tabellen am Ende. 2 sind von Dyche entlehnt; die wichtigsten, Table VII und IX: "A table of words (IX: of Propernames) written very different from their pronunciation", enthalten S. 126—133 jedes Wort transskribiert. Die in e. Lauten durchgeführte Wiedergabe der Aussprache dient natürlich weniger dazu, die spezielle Qualität eines Vokals zu bestimmen, als zu konstatieren, wie weit graphisch verschiedene Lautzeichen schon bis dahin in der Aussprache zusammengefallen sind. Watts scheint e. Geistlicher (Philosoph). Verkürzungen, Zusammenziehungen und andere Eigentümlichkeiten der Aussprache, die vielfach in der Form volksetymologischer Umbildungen auftreten, erinnern wie bei L. an Jones und Expert Orthographist (I. 46, IV. 1071). Als frühere Autoritäten auf dem Gebiete der e. Grammatik werden in der Vorrede genannt: Wallis (I. 41; IV. 1000) Wilkins (dsgl.) der Dichter Milton (I. 38) der Philosoph Ray, Dyche (I. 47, IV. 1071) Munday und Greenwood (Ph. St. 68).

Zu diesen und andern bekannten e. Autoren sind vielleicht folgende bibliographischen Nachweise am Platz. Wallis: IV. Oxford 1674* "nunc primo subjungitur Praxis grammatica"; III. Hamburg (Nachdruck) 1672*; ein Nachdruck in Wittenberg; VI. London und Leipzig 1765*, gleichzeitig mit dem Oxforder Neudruck. — Dyche: London 1730; XI. Dublin 1747*. Eine Buchhändleranzeige verzeichnet 1748 die 35. Auflage. — "A grammar of the English Tongue VI" (I. 47): V. London MDCCXXVIII* (1713? bei Ellis). Der Vorrede nach hat das Werk Veranlassung gegeben zur Abfassung von 1) An essay towards a practical English grammar (Greenwood; Ph. St. 68; eine andere, die erste? Auflage vom Jahre 1712; hängt Greenwood von Wallis ab?). 2) The English grammar or an Essay on the art of grammar, apply'd to and exemplify'd in the English tongue (IV. London 1721). Weitere Nachweise s. in Bertram's „Entwurf einer Geschichte der Gelahrtheit" Halle 1764 S. 161 ff.

1731. — Grammatica Lusitano-Anglica: Or, An English and Portuguese Grammar. Containing The Declensions, Conjugations, Rules of the Syntax, Etymology, Prosodie, and Accenting of the Portuguese Language. Also a Vocabulary, and Dialogues on the most common Occurences in Life. To which is added, A Compendious Introduction to the English Tongue, for the Benefit of the Portuguese, who have a mind to learn English. London. Printed for F. Fayram, at the South Entrance of the Royal Exchange, and W. Meadows, at the Angel in Cornhill MDCCXXXI.

Der Verfasser ist nicht genannt. Gr. 8°. Im I. Teil finden sich Transskriptionen portugiesischer (port.) Worte ins E. Die e. Aussprache, Teil II, S. 243—247 kurz behandelt, ist unsicher wegen einer Bemerkung der Vorrede über die „English grammar" überhaupt: „If any faults should be observed I hope, the critic will be gentler with me, considering I had no pattern of this kind to copy from and but a very confused and incorrect grammar to consult."

1735. — Le Vocabulaire Anglois, Flamand, François et Latin, où l'on montre la grande convenance des trois dernières langues avec la première: on a aussi accentué les mots Anglois. par G. Pell, Autheur de la Grammaire, pour apprendre l'Anglois. Utrecht, Chez E. Neaulme MDCCXXXV.

8°. 650 S. In der Vorrede werden Miege und Sewel genannt; benutzt ist ausserdem Richardson, besonders S. 50—63 in den Listen „qui pourront être utiles à ceux qui veulent apprendre l'anglais". Das Verzeichnis e. Worte mit gleicher Aussprache, aber verschiedenem Sinn und Orthographie findet sich fast wörtlich in Richardson's Kapitel IV des ersten Teils: „Van de gelijckheyt en ongelijckheyt van Engelsche Woorden". Von der Aussprache handeln S. 1—18. Die Regeln sind kurz, unvollständig, oft willkürlich, die Transskriptionen ins hll. und fr. zahlreich, aber inkonsequent und desshalb nicht zuverlässig. Es ist oft nicht sicher, ob das ganze Wort oder nur der die Regel betreffende Teil wiedergegeben wird; auch werden die hll. von den fr. Lauten in den Umschreibungen nicht streng auseinander gehalten. Im allgemeinen überwiegt die fr. Lautgebung. Die ziemlich eingehende Berücksichtigung verdankt das sonst unbedeutende Buch dem verhältnismässig modernen Standpunkt seiner Aussprache.

An diese 12 in erster Linie berücksichtigten Quellen schliessen sich mehr nebensächlich zur Verwendung kommend:
1. Mauger - Festeau's Doppelgrammatik (Ph. St. 66): Dazu die XIII Auflage 1696* (Haag); XVI 1713 (Haag)*; und eine weitere Rotterdam 1715*. Mauger's fr. Gr. für sich ist nach Thurot 1658 schon in III. Auflage erschienen; beide Werke haben ursprünglich gar nichts mit einander zu thun; 1675 (Ph. St.) werden sie zum ersten Mal von einem Herausgeber zusammengedruckt. Zu einer früheren Auflage von Festeau's e. Gr. ist Offelens d.-e. Gr. 1687 (Engl. St. X. 361) eine fast wörtliche Übersetzung (daher Transskriptionen wie dg für j in judge). Anderes bei Offelen stammt von Richardson, z. B. im Anfang das Kapitel vom Silbenlaut, die Benennungen der Casus, Tempora etc. Nach dem Verschwinden von Festeau's Werk aus dem Buchhandel veröffentlicht der Fr. Rogissard eine Nouvelle Grammaire Anglaise A la Haye 1738*, die ebenfalls in ihrem ganzen ersten Teil ein einfacher Nachdruck ohne Quellenangabe ist.*)
2. Miege (Ph. St. 65): Das Buch liegt aus dem Jahre 1718 in Gestalt einer Doppelgr. vor. Der fr. Teil ist von Boyer (einzeln 1698, 1725 in London erschienen): A new double grammar French - English and English-French By Mr. A Boyer and Mr. Guy Miege. Amsterdam et Rotterdam 1718. 8⁰. Eine spätere, in der Anordnung gar nicht, in der Aussprache aber wesentlich veränderte Auflage kam 1739 in Rotterdam* ohne die fr. Gr. heraus.

) Derselbe Rogissard liess 1736 in London eine „Nouvelle Methode pour appendre facilement les Langues Française et Angloise" erscheinen, die fast wörtlich aus Mauger's fr. Gr. abgeschrieben ist.

Gleichfalls Aussprachregeln, nach dem Muster von Miege (I. 43. IV. 1001) jedem Buchstaben vorgedruckt, giebt Boyer in seinem „Dictionnaire Royal Anglois-François et Anglois-François" A la Haye MDCCII*, anscheinend die erste Auflage. Als Vorgänger werden Cooper, Gouldmann, Littleton, Holyoke, Skinner, Blount, Philipps und Coles genannt. Eine spätere Auflage: Amsterdam, Rotterdam et à la Haye MDCCXXVII ist möglicherweise das Vorbild, nach dem Miege 1739 in der Aussprache verbessert ist. Boyer ist der Verfasser eines der frühesten e. Accentlexika. Ein Auszug aus dem grossen Werk (zuerst 1699?) „The Royal dictionary abridged" erschien in zweiter Auflage 1708 in London; 2 weitere fr.-e. Lexika von Miege (London 1677 und Hague 1697) ergeben nichts für die Aussprache. — Festeau, Miege und Boyer sind Fr.; Festeau war Sprachlehrer in London*), Miege in Blois und Paris; Boyer war Protestant und wanderte in Folge der Gewaltmassregeln Ludwigs XIV. nach England aus.

3. Peyton (Ph. St. 70): „Les elemens de la langue Angloise dévélopés d'une manière nouvelle . . en forme de dialogues II. London 1765, 8º." Hier, wie in den „Principes" (1756* nicht 1758) scheint neben Mioge und Festeau besonders Led. u. (KW) III (L) benutzt. Die „elemens" sind in 3 gegenüberstehenden Spalten abgefasst: fr. und e. Text und eine durch 433 S. fortlaufende Transskription des E. mit genauer Accent- und Quantitätsangabe.

4. Greiffenhahn (Ph. St. 66): Die zweite Auflage ist 1741 „viel verbessert und vermehrt" 343 S., die dritte 1753, die vierte und letzte 1778, 354 S. in Jena erschienen. Schon 1721 war für die Aussprache neben Mauger-Festeau die „Anleitung" benutzt worden. Die Änderungen von II. gehen auf Led. und auf eine abermalige Benutzung von L.'s Werk zurück. IV. kann als Beispiel dafür gelten, wie aus einer Gr., aus einer Auflage in die andere, die Angaben ohne Neuprüfung übernommen werden; in verschiedenen Punkten ist der Standpunkt von 1721 beibehalten, der nicht selten schon für damals veraltet erscheint.

) Von ihm eine: „French Grammar", London 1685, der zu Folge er aus Blois stammt, „where the true tone of the French Tongue is found by the Unanimous consent of all French-men."

5. Königs Wegweiser (Fschr. 3): Eine dritte Auflage mit demselben Titel wie die fünfte (Fschr. 6), Leipzig, Braun 1734. Die Vorrede nennt eine zweite aus dem Jahre 1727 von Ch. Fr. Ritzau, Sekretär des Prinzen von Wales und späterem Sprachlehrer in Leipzig, herausgegeben. Eine spätere ist 1789 noch in Leipzig erschienen. Die Aussprache ist nach der „veritablen Londoner Mundart" eingerichtet. Am Schluss ist angehängt: „A Table for the pronunciation of the High-German" 3 S. für Engländer. Der Herausgeber von Ed. V. muss nach einer Bemerkung Fschr. 7

6. Arnold (Fschr. 5) sein: Die dort erwähnte Gr. ist die „Grammatica Anglicana Concentrata, oder Kurtz-gefasste Englische Grammatica, worinnen die zur Erlernung dieser Sprache unumgänglich nöthigen Grund-Sätze auf's deutlichste und leichteste abgehandelt sind" von Theodor Arnold, Lpzg., Gross 1736. Gr. 8°. 164 S. In dem bedeutend umfangreicheren Werk von 1718 soll die Aussprache mit dem Dialecto Cantabrigiense übereinstimmen — nach L. stammt sie aus dem Manuskript eines dort lebenden Deutschen, da Arnold selbst nie in England gewesen sei — hier behauptet der Autor, über 30 Grammatiken zu Rate gezogen zu haben, sodass er „zumal in der Pronunciation kein Wort gesetzt, weswegen nicht guten Grund anzuzeigen wisse". Benutzt sind wohl hauptsächlich König, Arnolds persönlicher Freund Lediard, Greenwood, Dyche. Das Vorbild der „langsamen pronunciation" giebt dem Autor offenbar das Bestreben ein, die Aussprache der Schrift möglichst anzupassen. Die Transskriptionen zeigen zahlreiche Abweichungen von einander und von den Regeln. Das Buch ist 1829 noch in XV. Auflage erschienen, herausgegeben von Fahrenkrüger. — 1736 veröffentlichte Arnold: „Mr. Nathan Bailey's English dictionary, showing both the orthography and the orthoepia of that tongue, By accents placed on each word . . Translated into German and improved By Theodore Arnold" Lpzg., Gross. Über Bailey s. IV. 1049.*)

) Der durchgehenden Transskription halber ist gleichfalls benutzt Arnolds: Compleat Vocabulary English and German. Lpzg., Gross 1757, 8°. 772 S., dass nach Boyer, Ludwig, Coles, Dyche, Pardon, New-General English Dictionary u. Defoe Compleat English Dictionary zusammengestellt ist. — Kopenhagen 1791 in II. Auflage erschien: Theodor Arnolds Grammatica Anglicana et Danica Concentrata.

7. Von den späteren, auf der Universitätsbibliothek zu Jena vorhandenen Gr. werden zu Rate gezogen: Pepin: „Kurzer Unterricht von der Englischen Aussprache und Rechtschreibung zum Gebrauche der Anfänger". 8⁰. Göttingen 1774 — öfter, weil in vielen Fällen schon die Aussprache des XIX. Jh.'s gebend: „Anweisung zur englischen Aussprache" von K. Fr. Chr. Wagner, Dr. der Philosophie. Göttingen 1789 8⁰, deren Verfasser 3 Jahre in London war und nach Johnson (S. 22) und Sheridan (I. 48) arbeitet.

Für die allgemeine Geschichte der e. Sprachkunde ist bei der Untersuchung vorliegender Werke Folgendes festgehalten worden:

1520 nennt Thurot das Geburtsjahr der fr. Grammatik. Das der e. kann man vielleicht, mit Sir Thomas Smith (I. 34) beginnend, auf 1568 setzen. Die lexikalische Bearbeitung der Sprache entsteht natürlich im Anschluss an das Studium des Latein. Lat.-e. Wtb. existieren von Thomasius, Cantabrigiae III 1592 [auf der Grossherzl. Bibliothek zu Weimar]; Rider; Holyoke, London 1626[*]; Holland; Gouldmann, II Cambridge 1669[*], IV 1678[*]; Coles, London 1679, XII 1730[*]. Sie bieten, soweit sie untersucht werden konnten, gleich den folgenden für die e. Aussprache nichts; bei Coles nur: „A collection of some English words, which agree in sound, yet differ in sense and orthography." Für die lebenden Sprachen findet sich ein „Lexicon Tetraglotton: English-French-Italian-Spanish", London 1660[*] von James Howell. — Hexham hatte sein Wtb. verfasst, „principally because there was never yet to this day any English and Netherdutch dictionary extant" und Ludwigs „Teutsch-Englisches Wörterbuch" (S. 14) ist nach dem Titelblatt „das erste, so jemahls gemacht worden". Ein zweites erschien Leipzig 1739 von Arnold. Von e.-d. Wtb. sind zu nennen Ludwig (S. 14) und Arnold-Bailey (S. 20). Arnolds Vorrede nach hatten Greiffenhahn, ein Herr Christiani als Autor und Herr Hartung aus Jena als Verleger (Neue Zeitung von gelehrten Sachen Leipzig 1726. XXXIV) und Bened. Beiler,

der Verfasser einer e.-d. Gr., London 1731 8⁰ (Beyträge
zur Critischen Historie der deutschen Sprache, Poesie und
Beredsamkeit V. 36./37.) schon vor ihm die baldige Herausgabe e. Wtb. in Aussicht gestellt. (s. Tiessen, Fschr. 2.).
— Für das E. selbst, ohne Rücksichtnahme auf fremde
Sprachen, schreibt Edward Philipps London 1658 (in Weimar)
„The New World of English Words . .“ dem Titel nach
eine Art Fremdwtb. und Lexicon technischer Ausdrücke, die
IV. Auflage 1706* (auf dem Titelkupfer 1696) von John
Kersey London herausgegeben. Als den Verfasser eines
„Universal Etymological English Dictionary“ 1722 (XVII.,
London 1759*) nennt Arnold den Engländer Bailey (IV. 1047).
Früher noch Skinners Etymologicon Londini 1671*. — Überall in
diesen Wtb. findet sich die jetzt durchweg gebräuchliche
Accentbezeichnung noch nicht. In den Gr. zwar wird den
Accent- und Quantitätsverhältnissen stets ein besonderer
Abschnitt gewidmet. Accentbezeichnung, zunächst in Gestalt
eines einfachen Acuts, findet sich gelegentlich bei Sewel.
Ludwig schreibt seit 1705 Acut (´) über betonten kurzen,
Gravis (`) über betonten langen Vokal und führt zum
ersten Mal die Bezeichnung konsequent in den Gr. durch.
Nach seinem Vorgang geben Beuthner (S. 12 „Miscellanea
Anglicana“. Jena 1713. S. 88—150) und König (Wegweiser III. 159—186) in ihren Vokabularien Accent und
Länge an. Als Schulbücher, die für die Lehre vom Accent
besonders empfehlenswert sind, nennt Arnold 1736: Bailey,
Introduction to the English tongue 1726 (IV. 1049); T. Dyche,
Guide to the English tongue London 1730 (S. 16); Munday,
Way to reading . . London 1721. Henry Dixon, English
Instructor or Art of Spelling . . London 1728. Dazu
gehört die „Grammar of the English tongue“ und später Moritz:
„Anweisung zur englischen Accentuation“ 1781*. Ein eigentliches Accentlexikon scheint vor Beginn des XVIII. Jh.'s
nicht zu existieren. Auch hier ist vielleicht Ludwig: (Boyer?)
1706 (S. 14) der erste. Ihm schliessen sich an Boyer 1708
(S. 18); Bailey-Arnold 1736 (S. 20); Dyche: 1) Spelling
Dictionary London 1731 2) New General English Dictionary,
finished by William Pardon. V. MDCCXLVIII* (I. London
1736); Samuel Johnson (Storm, E. Philol. 145) 1747*, 1756*
und später Walker 1775 (vgl. Storm 101).

Unter den fremden Nationen haben zuerst die Niederländer der e. Sprache ihre Aufmerksamkeit zugewandt. Die frühesten und zahlreichsten auswärtigen Gr. sind in Holland gedruckt worden. Der Buchhändler Arnold Leers erklärt dies in der Vorrede zu Hexham's Werk folgendermassen: „Dus heeft nu de Engelsche Tale haer bysondere nuttigheydt en noodtwendigheyd door de onderlinge handelinge der Hollanders met de Engelsche. Voortydts was die Tale seer veracht doe het volck selve noch so aensienlijck niet was, en sigh meest binnens landts met de Boereneringe generden. Maer na dat den handel is vermeerdert en by sonderlyck na dat soo veel treffelijcke geleerde Boecken in de Engelsche Tale beschreven zyn is' er by alderley volck groote lust geweest om die geleerde Engelsche in haer eygen Tale te verstaen: oock hebben de Engelsche haer Boecken van alderley geleertheyd in het Engelsche beschreven en niet soo in 't Latyn gelyck andere Natien doen (Bacon), op dat se haer Tale in meerder achtinge souden doen zyn". Desshalb soll das Buch Studenten, Kooplieden und Factoors dienlich sein. Ähnlich führt Richardson die „propinquity of the situation" und „intermixture of the inhabitants" als Grund an. Vielleicht wirkte auch die politische Geschichte mit. Hexham, der Verfasser von: „The three parts of the Art Military, practised in the warrs of these united provinces" mag durch die hll. Kriege auf den Gedanken zur Abfassung seines Wtb. gekommen sein. — Eines der ältesten hierher gehörigen Werke ist wohl: English Pronounciation: Or A Shorte introduction And Waye to the English speache, very fitte for all those that intende to learne the same. Nach dem hll. Titel: Nu eerst Niet alleen den Leerlinghen, ter lieften ende profijt: maer ook mede den Leeraers zelf tot groot gemack ende gerijf, in onze tale vertaelt, Door J. Walraven. Tot Leyden By Jan Paedts Jacobszoon, ende Jan Bouwenszoon. Anno MDLXXXVI*. Das Werkchen bildet den Anhang zu Whetstone's „The Honourable Reputation Of A Soldier" mit danebenstehender hll. Übersetzung von Walraven. In einleitenden Lobgedichten zu Ehren des Autors und Übersetzers werden Engländer und Holländer aufgefordert, gegenseitig das Studium ihrer Sprache eifriger zu betreiben. Der Vorbericht nennt Thomas Smith (I. 34) und Ch. Plantijn: Een schat der Engelscher spraken als vorangegangene Autoritäten.

Für die Aussprache ergiebt sich trotz des Titels fast gar nichts, da die wenigen Bemerkungen mehr orthographischer als orthoepischer Natur sind. — Den Holländern folgen die Franzosen und in dritter Linie erst die Deutschen. Telläus 1665 (Ph. St. 64) ist jedenfalls die erste in Deutschland, Offelen 1687 die erste in d. Sprache verfasste e. Gr.*) Jena scheint der Sitz eines besonders eifrigen Studiums gewesen zu sein (zahlreiche Werke auf der Bibliothek, Greiffenhahn Professor in Jena?, Schade Ph. St.; Verlagsort einer ganzen Anzahl von Gr.).

Im eigenen Land wurde das Studium und die Bearbeitung der Muttersprache wie allerwärts hauptsächlich durch 2 Gründe aufgehalten. Man hielt es einmal für niedrig und eines Gelehrten unwürdig, sich mit der heimatlichen Sprache abzugeben — dasselbe Vorurteil, das sich später der Dialektforschung entgegenstellte: Richardson muss sich auf Vossius, Wallis und Wilkins berufen und noch Watts weist zu seiner Verteidigung auf Wallis, Wilkins, den Philosophen Ray? und den Dichter Milton hin — andrerseits glaubte man, dass es nicht möglich sei, die lebende Sprache in feste Regeln, wie die griechische und lat. zu fassen. Noch 1726 hält es Ludwig für nötig, dahin gehende Äusserungen Howell's, der sich auf Ben. Jonson beruft, zurückzuweisen.

---

*) Eine der frühesten e.-d. Gr. scheint Minerva, High-Dutch Grammar, London 1685, auf die (KW) III neben Beiler, German Grammar London 1731 verweist.

Abkürzungen: CH. = Cotgrave - Howell 1650; Hl. = Howell 1662; HM. = Hexham-Manly 1672/75; Ri. = Richardson 1677; Sl. = Sewel 1708 (Gr. Fl. = Grammaire Flamande MDCCXLIV); L_1 = Ludwig 1705, L. = Ludwig 1717, L_2 = Ludwig 1726; Ha. = Hassen 1712; W. = Watts 1721; E P. = English-Portuguese Grammar 1731; Pl. = Pell 1735; Pep. = Pepin 1774; Wa. = Wagner 1789. Bei den schon bekannten Werken werden Vietors und Bohnhardts Abkürzungen beibehalten: MF. = Mauger-Festeau Ed. XIV 1703 MF_1 = XIII 1696, MF_2 = XVI 1713, MF_3 = Ed. Rotterdam 1715, Rog. = Rogissard) — M. = Miege (M_1 = Ed. 1698, M_2 = Ed. 1718, M_3 = Ed. 1739; Bo. = Boyer Wtb. 1727) — Pe. = Peyton 1758 (Pe_2 = Peyton 1765) — G. = Greiffenhahn (G_1 = I. 1721, G_2 = II. 1741, G_3 = III. 1753, G_4 = IV. 1778) — (KW) = König Ed. V. 1748 [(KW) III = Ed. 1734] — A. = Arnold 1718 (A_2 = Ed. I 1736, A_3 = Ed. XV 1829, A V. = Vocabulary 1757). Gelegentlich noch aus der Fschr. T. = Tiessen 1705; B. = Beuthner 1711; aus Ellis Led. = Lediard 1726.

Ausserdem gelten die teilweise schon verwandten Abkürzungen: d. = deutsch; e. engl. = englisch; fr. = französisch (Fr. = Franzose); hll. = holländisch (Hll. = Holländer); port. = portugiesisch; span. = spanisch; lat. = lateinisch; angels. = angelsächsisch. — Gr. = Grammatik; Wtb. = Wörterbuch; Jh. = Jahrhundert. — l. = lang; K. k. = Kürze, kurz; geschl. = geschlossen. — El. = Vietors Elemente II; Engl. St. = Englische Studien X; Fschr. = Vietors Festschrift 1886; Ph. St. = Phonetische Studien II. 1.

Die Lautzeichen s. am Schluss.

§. 1.

Die hellen a-Laute: $\bar{e}i$, $\bar{a}$, $\ddot{a}$.*)

I. $\bar{e}i$ in make, der 1. helle Laut des modernen engl. a geht zurück auf ein vielleicht noch zu Shakespeare's Zeit geltendes palatales (mit Zungenhebung gesprochenes) $\bar{a}$. Die Uebergangsstufen, durch Vorschieben und allmähliches Heben der Vorderzunge entstanden, sind $\ddot{a}$ $\bar{e}$. $\ddot{e}$ $\bar{e}$. Die diphthongische Aussprache ist ziemlich neuen Datums (zuerst bei Smart 1838) und geht von den südlichen Teilen Englands aus. Für Ellis noch ist einfach $\bar{e}$ Regel. Gemäss den Ansichten neuerer Phonetiker, z. B. Sweets, die auf Grund ihrer Beobachtungen über Artikulationsbasis und Stärke der Artikulation geneigt sind, dem E. rein geschl. Laute mehr und mehr abzusprechen, giebt Vietor als erstes Element mittleres (vielleicht sogar offnes) $\bar{e}$, woneben auch der geschl. Einsatz vorkommt. Das zweite Glied „erreicht nur eine mittlere Stellung zwischen i und e". Vom vierten Punkt $\bar{e}$ der Entwicklungsreihe an trifft der Laut mit der Aussprache von ai, ay, ei, ey, e, ea zusammen. e, ea bezeichnen altes $\bar{e}$, das in wenig Worten seinen Laut behalten und nicht den allgemeinen Uebergang zu $\bar{i}$ $\bar{i}j$ mitgemacht hat (§ 5). ai, ay sind alte Diphthongen mit folgender etwa um 1550 beginnender Wandlung: ai $\bar{a}i$? $\ddot{a}i$? $\bar{e}i$ $\ddot{e}i$ $\bar{e}$ ($\bar{e}i$ bleibt?). Ellis' Quellen nach wird $\bar{e}$ noch im XVII. Jh., jedenfalls früher als für a erreicht. ei, ey kommen 2 verschiedenen Wortklassen zu; die eine (deceive, key) fällt frühe mit der Entwicklung von ea in sea zusammen, die andere (heir, grey) ist nur als graphisch von ai verschieden zu betrachten. Für sämmtliche Diphthongen entsteht die Frage, ob das nachklingende i eine Fortsetzung der alten Aussprache

---

*) Die Lautzeichen vgl. in der Schlusstabelle.

wie ụ in *know* (§ 6), oder ob es erst nachträglich wie bei l a aus der allgemeinen Diphthongierungstendenz hervorgegangen ist.

Vor r = а (§ 10.) erscheint ëi̯ in allen Fällen als d̃ (daneben, bei Ellis ausschliesslich, ẽ). Die Färbung fehlt dem d. und fr. Vokalsystem, und unterscheidet sich wie die K. ä (S. 32) in der Artikulation von dem meist als Entsprechung gegebenen weniger offenen d. äh ä, fr. ai è (ĕ e) durch die Ausdehnung des weichen Gaumens und die Erweiterung der hintern Mundhöhle. Es scheint noch nicht festgestellt, wann sich der Unterschied zwischen ëi̯ u. d̃ zuerst zeigt, ob einmal die Entwicklung durch den Einfluss des r bei der Stufe d̃ aufgehalten, oder von einer geschlosseneren Färbung aus erst wieder dahin zurückgezogen worden ist, wann andrerseits altes ẽ (ea, e) zuerst als d̃ auftritt. Die Prüfung steht im Zusammenhang mit der allgemeinen, zunächst der Beantwortung vorliegenden Frage über die Lautwerte der Gr. überhaupt, nach denen die zeitlichen Verhältnisse der oben entwickelten Uebergänge sich bestimmen lassen.

1. CH. und Hl: a in stale ale ist „halfmouthed and mincingly pronounced"; die Bezeichnung „open and cleere" gilt nur für den k. Laut in Balaam, Abraham, Alabastre, der mit fr. span. a (a) überein kommen soll, während der l. „gepresste" Laut wie fr. a in pays zu sprechen sei (heute nach Sachs e·, damals vielleicht ē., nach Pelletier 1555 noch a + i· III. 620. Gemeint ist jedenfalls die offenste, dem ā am nächsten stehende Färbung: d̃, oder eine zwischen ā und d̃ stehende Nüance, Ellis' aah?*; fr. e è ė erscheinen wohl noch als zu geschl. und werden nicht herangezogen). a im Alphabet = fr. ne, das dem Wörterbuch nach in aele (aile) aemerhoide, aeré, aereux, acrin etc. vorkommt. Vgl. noch Hl's Bemerkung: a is the first and most easie motion and ouverture of the lips. Bezugnahme auf fr. ai, ei fehlt. — HM: E. a litera = ea, h k = ach ea; hll. ea für a ist ebenso unverständlich wie weiter unten ei für e. Druckfehler? ea statt ee, ei statt ii? oder, worauf eh in

---

*) Gill 1621 giebt noch ā. — 10 Jahre früher hatte Cotgrave in der ersten Auflage schon aah, ü: „a fr. sounds full as in all, not as we sound it in stale, ale."

ach hinweisen würde, e. Lautgebung? In beiden Fällen ergäbe sich $\breve{e}$ für l. a. Einer solchen „anticipation" (I. 91) widerspricht, dass für hll. h k im Alphabet die ersten Silben von e. hater, kable als Entsprechung gegeben werden, mit der Bemerkung, dass hll. a nur „voller und breiter" wie das e., „mit offenem Munde wie im Fr." zu sprechen sei, was a a b? oder $\bar{d}$ ergeben würde. — Ri: E. a, k im Alphabet = a, ka „volgens de Duytsche dialect"; genauer a in make wie hll. ai in hair (heute haar) „what fijnder als de Nederduytsche a en grover als de e". Den Laut $\bar{d}$ besitzen die Hll. nicht, $\bar{e}$. gelegentlich für ee vor r; k. e = e. e. Die Transskriptionen geben aa: strange straandsh, plague plaag, während hll. l. a meist ae geschrieben wird. — Sl: E. a ist gleich dem „klank van 't goblaet der schaapen", eine Charakterisierung, die Hl. für e. b litera verwandt hatte also $\breve{e}$, wahrscheinlicher $\bar{e}$.. Es ist „niet so volmondig als by ons", und entspricht am ehesten dem hll. ae, mit welcher Bezeichnung Sl. einen ihm eigentümlichen Lautwert zu verknüpfen scheint. Im allgemeinen gilt ae als altes hll. Schriftzeichen für $\bar{a}$ (aa seit Siegenbeck 1804); Sl. aber findet, dass es in einigen Worten den „vermengde klank" des fr. ai in faire habe, z. B. in waereld (wereld), paerd, zwaerd, staert, kaers, rechtvaerdig (paard, zwaard). Die Transskriptionen haben demzufolge durchgehends ae. Auch nach einer fr.-hll. Gr. von Mauger, Hague 1691 sollen fr. „opene e" in mes, tes, ses; ai, oi in faire, peine wie griechisch η, „of als de Amsterdam'sche ae in gaen, staen" und zwar mit offenem Munde zu sprechen sein.

Die d. und fr. Gr. bleiben bei den bekannten Angaben: d. äh, fr. ai, das gleichzeitig für e in red, a in hard und had gilt. Beide können als $\bar{d}$, das dem D. und Fr. fehlt, $\bar{e}$. oder $\bar{e}$ aufzufassen sein. Pei 's .äi ist jedenfalls $\bar{e}$; L $\mathfrak{s}$ findet noch, dass a in make genau die entsprechende Länge zu a in had ist, während die 5 andern Vokale, l. oder k. gebraucht, sich auch qualitativ unterscheiden. Unter den Fr. ist Pl. der erste, der den geschlosseneren Laut verlangt: fr. é ée, hll. ee, grace grées, grees. Vorher hatte E P. a in same als die zu e in every lautlich gehörige Länge bezeichnet, und port. ê e dafür gegeben. Bei Ellis ist Cooper 1685 der erste, der $\bar{e}$ für a hat. D. e in „er der" hört Telläus 1665 (Ph. St.), ee Offelen 1687, eh (KW) II 1727 (Fschr. 9), aber endgültig erst Wa. 1789: „ec in See oder eh in Fehde." Für einzelne Worte ist in den Transskriptionen der Laut früher durchgeführt: Jane: M. dgéne, danach T. dschén; L. dschähn oder dschehn, wie James dschehms, später dschihms. M. Aesculapius Esculepius; Led. ingratiate ingrehschiät; (KW) III crazy krehsi, akue chkgu (aus II. geblieben?).

Dasselbe hat im ganzen für ai, ei zu gelten. Bei Ellis bringt — allerdings auffällig frühe — für ai schon Hart 1569, 116 Jahre vor Cooper das geschlossenere $\bar{e}$. Ganz dem entsprechend verwendet Offelen in seinen Transskriptionen anscheinend regelmässig ä für a, ee für ai (grace grüs; may day, mee dee). Nichts davon bei M F. Auch sonst gilt geschl. Laut für den Diphthong, während a noch $\bar{a}$: L: flay „schinden" fleh; raisins resins (M. rézins, vgl. I. 127; Sl. reezins; Lcd. rehsins; dsgl. G_2—4); weight weht und wäht; weigh weh und wä; heir eer, aber are, air ähr. G_1: ey in obey wie äh, G_2 wie ein langes e oder äh (nach Led; ei in conceive = ih); während eh für a erst 1778. W: Aix la Chapello = E la shappel ($\bar{i}$ oder $\bar{e}$?). M: é masc. (S. 44) in day, way, nay; Bo: b litera fr. = e. bai, nicht bea wie sonst; é masc. in beast, dream und bait. — Gewöhnlich werden zwar beide Lauté anerkannt, aber so, dass der offene für a und ai gilt, während ei (nach Massgabo von $\bar{e}$, $\bar{i}$ in conceive) geschl. erscheint. Das alte $\bar{e}$ für equal, there, great, sea, conceive, ist von dem $\bar{a}$ der frühen Gr. immer geschieden. Später wird der Hauptteil $\bar{i}$, wenige Wörter bleiben $\bar{e}$ und fallen mit altem $\bar{a}$ zusammen: CH: fr. é in teach, deceive. Ri: hll ee für ei in deceit, receive wie für e, ea; hll. ae für ei in either, neither, their, they, prey wie für a, ai; reign, feign = raan, faan, mit durchgehends richtiger Verteilung. Boyer in M_2: ai in pain und a in face = fr. e in mes, tes, ses; ca in beast = é masc.; a in face = fr. e vor m, n in Jérusalem, examen (sonst ê è ai); ea = fr. c vor nt (n stumm) in der III. Pl. Pr. Ind: ils parlent = parlêt, mangent = mangêt ($\bar{e}$?). Die Verteilung des offnen und geschl. Lautes auf geschriebenes ei ist falsch bei MF: engl. ai = e. ouvert; ei, der Regel nach ohne Ausnahme, wie ea = é masculin. Auch (KW) III und A_2 verlangen für ei überall die Aussprache eh, für a, ai hingegen äh. L: äh für a, ai, ei in deign, neigh, whey und 11 andern (k. ä in to weigh wägen), für ey durchaus; dagegen eh für ea, ei in conceive, conceit wozu auch neighbour, heir, their (also auch vor r), theirs, to inveigle, eight. Daher G₁ : their wie conceive; seit 1741 geändert. Led. tadelt diese Anordnung: „Ich finde einen merklichen Unterschied zwischen conceive und eight, obgleich Mr. Ludwick sie unter eine Regel gesetzt hat." Er selbst giebt ih in conceive, eh in eight heir, äh in aid face. Trotzdem beharrt L₁ darauf und fügt der eh — Klasse noch weigh, obey, convey hinzu. Im ganzen Umfang des heutigen e_1, $\bar{a}$ — für altes $\bar{e}$, soweit nicht $\bar{\imath}$, und altes $\bar{a}$ — ist der gleiche Laut durchgeführt bei Pl. EP. und Pe₁; bei Pl. der geschl., fr. é, beim späteren Pe₂ der offene: place = pläice, where = houäire, great =: gräit.

Im ganzen ändert sich somit an den Resultaten von Vietor und Ellis nichts: a = $\bar{a}$ im XVII., $\bar{e}$ im XVIII. Jh. $\bar{e}$ schon vor 1750 bekannt, dringt in der zweiten Hälfte des Jh.'s durch. Von einer Diphthongierung findet sich vor dem XIX. Jh. keine Spur. — Abweichende Angaben im einzelnen verzeichnet (KW) III: Ale klingt fast wie unser Öhl; vgl. Telläus (Ph. St. 81) sea legitur söh; L₁ h litera = ötzsch (a = äh, k = käh); L: ötsch; L₂: öhtsch. Der alphabetische Name des h weicht auch sonst ab. Ri: hll. aitsh (a_1^i?). Pl: a = é ee, k = ké kee, h aber citch fr., aitsh hll. (nach Ri.? für ai gilt fr. äi, hll. ay). — T.'s creation creäschon (â sonst für $\bar{a}$) steht ganz vereinzelt. — L. boar biär (ähnlich w' are we are wiähr, vgl. S. 55).

2. Der offenere Laut vor r wird konsequent erst spät anerkannt. Ri: swoar, toar = hll. ee wie die übrigen (allerdings kann auch hll. ee vor r heute = $\bar{e}$. sein IV. 1292). T: é (nach M.'s é) in pear, bear — gewöhnlich ist eh — dagegen ä in peacable päsäbel. L₁ : ea = eh; äh in beard, search, searge. L: ea = eh, auch tear tehr; aber bear bär, pear pär (pair, pare pähr); k. e in were, there, where (Hereford); dsgl. K. bei CH: where houer; B: thereat derát, whereat buerat; Bo: where hoer; (KW) III A₂ there ther, where huer, were wer, während these = thehs. Länge bei W: where wie equal haben „the short sound (in hell, then, ever) prolonged"; EP:

where wie baker; u. AV: eh.*) — (KW) III: äh in bearn, wie in heart, earnest, to hearken, learning, scargo; aber eh in bear, beard pear, to bear, to wear, weary; thoir = thehr und thähr, heir nur ehr. Pl: ae in pear, fear, wear, sonst é (e). Mɜ: e ouvert in beard; bear hair, pear pair; ea in appear = engl. a = fr. ai. — Genau ist die Scheidung erst bei Wa: d. ee, eh wird ersetzt durch äh vor r in share, ware, care, scarce, where, there, repair, pear, heir. — Es scheint somit wirklich, dass r erst nachträglich seine offen machende Wirkung ausgeübt hat, etwa in der zweiten Hälfte des vorigen Jh.'s, als die geschl. Stufe im allgemeinen schon erreicht war. Im andern Falle hätte man auch für altes $\bar{e}$ in sphere, adhere, tear, clear eher $\bar{a}$ als den Uebergang zu $\bar{i}$ erwarten sollen. Gerade in der Umgebung von r hat sich der Wandel von oa zu $\bar{i}$ anscheinend zuerst vollzogen (§ 5), während andrerseits in bear, beard, pear, great, break und andern Worten vor und nach r (zufällig?) ea den alten Laut behalten hat. Hängt der Einfluss des r auf vorangehendes $\bar{e}$ ($\bar{e}i$)mit dem Vokalischwerden der alten Konsonanz zusammen?

3. Für ai ei halten sich Spuren des Diphthongs. Ri: ei wie l. a, aber ay „in some parts (Norden?) of England" wie hll. ay in hay, kay. Heute haai, kaai mit $\bar{a}i$. Da der Laut nie für ai in height wild gegeben wird, war jedenfalls schon damals der i Nachklang gegen $\bar{a}$ nur leise hörbar, obwohl HM. schreibt: „In Huy, Kay a is pronounced short, but in aey — zaey (zaaijen) maey dracy — the a is sounded fully." Hll. ei ey (ai) wird weder für ai, noch ei als Entsprechung gegeben. — Sl: weight waet, pain patn wie a; nur inveigh invaci ($\bar{a}i$, $\bar{e}i$? III. oder IV. Stufe). W: ai in pain ist ein Diphthong, in dem beide Elemente a und i gehört werden, wie in house, cow, point (proper D.) zum Unterschied von heart, bread, guide, cough, rough (improper D.) „where but one of the Vowels is pronounced" und von need, moon „where the Vowels, joined in a Diphthong have a peculiar Sound of their own". Versailles = e. Versails; sonst wird in den Transskriptionen ai ay immer durch ei ey (auch diphthongisch?), oi ey durch ai ay wiedergegeben, a nur in dem Fremdwort chaise shaze;

---

*) Wa: where, there äh, were k. e.

umgekehrt ancient ainchunt, Sarah Sarey; gauge gage, aber gaol jayl. Bei Pl. wie bei den Fr. meist sind sämtliche Diphthonge und Digrapha mit a zusammengefallen; auch gaol (schon L_1) und gauge (L etc.); nur einmal gauge fr. geedg, hll. gaeidsj ($d\underset{\smile}{l}$?). In den d. Gr. geht T. am weitesten in der Diphthongierung von ei, das er, wie heute noch in weight in einer grossen Zahl andrer Wörter dem e. l. i, d. ei gleichsetzt (S. 49). L: „ai wenn accentuirt, wie ein äh, so dass man das i fast gar nicht höret" (nach Jones I. 72?). Daher stammt wohl Led.'s Angabe: „äh mit einem kleinen Nachklang von i" (IV. 1044) eher als von Wallis. ei ist bei beiden Monophthong. G_2: ai wie e. l. a, aber ei = ä, „wobei manche das i ein wenig hören lassen" in feign, inveigh; ei „fast wie im d., doch so, dass man das e mehr höre, als das i, wenn der Tonus darauf ist, in conceive" (S. 52). (KW) III: acquaintance äckwäintens. Vgl. noch L.'s Bemerkung: prayer prähr, aber ja nicht prähjer; praying prähing, nicht prähjing; bayard bäherd; mayor „Bürgermeister" mäher, nicht mäjor. Es lässt sich also ein Ansatz zum Diphthong mehrfach nachweisen, der der Vermuthung, $\underset{\smile}{i}$ für ai sei alt, nicht Unrecht giebt. Dass in vielen Gr. der Nachklang unberücksichtigt bleibt, ist eine Erscheinung, die sich für $\underset{\smile}{u}$ in $\bar{o}\underset{\smile}{u}$ (know § 6) in grösserem Masse wiederholt. Vor r gilt heute allerdings d ($d_{\underset{\frown}{a}}$), nicht $d\underset{\smile}{i}$.

II. 1. K. a in fat entspricht der Länge $\bar{a}$ in care. Es findet sich wie dieses im d. und fr. Vokalsystem nicht, obgleich es fast durchgehends d. ä, fr. ai, è gleichgesetzt wird, die vielmehr dem e in let (e. e) entsprechen.*) Der Laut steht fast ausnahmslos für a und ist hier entsprechend der Länge aus altem α entstanden (Ellis: bis XVI. Jh. a; seit XVII. ä). Für betontes ai giebt L. k. ä in raillery, railly (Wa. noch plaid); Pl: fr. hll. e für au in saucidge (L. k. a in laudanum, saussage, faucet).

Die Gr. bieten 3 Stufen: α ä e: CH: fr. a; Hl: span. a; Ri. HM. Sl: hll. a. Auch die frühen d. Gr. haben a (Fschr. 7). T: a in salmon, majesty, carriage (giant); selten ä, z. B. (awry), malice. L_1: ä zum ersten Mal konsequent

---

*) AV: „weder wie d. a, noch wie d. ä, sondern gleichsam Mittellaut zwischen a und ä;" nach Led., so noch heute bei Storm 92.

durchgeführt; nur k. d. a in shall entsprechend ah in call. G₂: shall wie warren; (KW) III A₂: k. a). L: a k. in geschl. Silbe „muss ja nicht, wie die Teutschen es sehr oft allhier versehen, wie ein k. a, sondern wie ein k. ä gelesen werden". Trotzdem shall schall (neben schäll). Druckfehler? Aber auch sonst vor l: salmon sammen; alabastre allebläster; dsgl. carabine karrbein. ä auch in Thannet (tännet) any, many. Led. „Mittelklang zwischen ä und a" (G. „oder sehr helles a"); a in unanimous, saffron. M₂: a français in a, as, was, wash, that, what, wie in der Vorsilbe appear, aspire und der Endung — al: general; aber ai in hat, cap. (ähnlich (KW) III, bald a bald ä.) Pe₂: „a bref est sonué avec grande rapidité et d'une voix foible" : hat hät; „mad mäd. Neben gewöhnlicherem ai wird nicht selten in den fr. Gr. e zur Wiedergabe des Lautes verwandt: M. in action, mad, Bo. in badge, anchor. Pl: Fr. hll. e ist die regelmässige Entsprechung in Vor- betonter und Endsilbe; ê in valley, badge, gnat. (Pe₂: I thanked thénnct.) Auch sonst e: W: balconý belcony, wie ballad ballet, sallad sallet; Thames Tems; Thanet Tannet or Tennet. EP. e in abroad; port. escola Pedro wird mit e. ascola Padro transskribiert. T: handkerchief henkerscher (L. ä, Sl. e). Gegen A (Fschr. 8. El. 72) macht L₂ entschieden ä geltend; A₂ hat e aufgegeben. L: Thamse tems (shark scherk); ai = e in again, against ((KW) III. k. ä), wainscot (äh in waistcoat). Led: chariot tscherret. Wa: e in any, many (Led.ähni, mähni, L. ä), said, says. A₂: radish redisch. Ueberall sind in diesem Falle die Angaben dieselben wie für e in let (§ 4).

Das k. helle a hat in der Gesamtheit bloss den einen Uebergang von *a* zu *ä* gemacht. Die Stufe *e* ist nur in wenig Worten erreicht (any, many, Thamse, Pall — Mall wie again); vielleicht galt *e*, wie noch in Amerika, früher in grösserer Ausdehnung als heute. *a* (sogar *d*) ist im Schottischen und provinziellem E. noch jetzt gebräuchlich; in den Gr. hält es sich überall, wo der l. Laut längst als *d* anerkannt ist. Es liegt desshalb die Vermutung nahe, dass schon im XVII Jh. der l. Vokal dem k. um eine Stufe in der Entwicklung voraus war, dass der Wandel von *ā* zu *d* eher erfolgt ist als von *a* zu *ä*. So würden sich auch Butler's Vokalpaare I. 64 als *d a* erklären.

2. Länge und Kürze: L. äh:

1) in offener Silbe (heute ä) in cablish, cadew, casual, casuist, chasuble, dazle (dazzle), fragile, glacis, javelix, laconism, lachess, marigold, marow, patrimony, patriot, patrick, pravity, ramage, rarily, rarity, rapine, satyr, saturn, vagary, attach, Montague, Ralf, wrath, math.

2) in geschl. Silbe (heute ā und ä) in branch, launch, scranch, manche, manchet, advance, ancestor, chance, chancel, chancellor, chancery, dance, France, glance, inhance, lance, lancet, trance, chandler, Coriander, slander, sanders, scliander, sellander, orangery, pansy, grant, chant, inchant, slant, aslant, avant, gantlet, pant, pantry, bast, nasty, pasty, plastur, ensample, sample, samplar, example, palmister. — In vielen Fällen hat Led. K. z. B. für branch, chance, dance. — (KW) III. äh in alabaster, craft, shaft, after, chance, danco, glance, prance, enhance, branch, ask, bask, basket, mask, ass, brass, glass, grass, cast, fast, wrath, amber. Selbst As spricht noch äh in banish, baron, barin, calid. — to have: L. äh und ä: we have wiähv ye have jiähv; we have done wiäv; Led. AV: hähv (äh wie in many, any). As: äh. Pep: derselbe Laut wie in face, rolate. — Wa: k. ä in to gape und dem Prt. bade (Storm 103).

§. 2.

$\bar{a}$.

$\bar{a}$*) in father, hard ist der Ansicht der Orthoepisten nach ein moderner Laut, der nach einer eignen Entwicklung ($\bar{a}$ $\bar{a}$ [$\bar{a}$?] $\bar{a}$) wieder zur allgemeinen Aussprache des XVI. Jh.'s zurückgekehrt ist. Im gebildeten Londoner E. ist er hell, wie in fr. rage, ital. mano, nordd. Vater; tiefer im Norde. und Schottischen, wo er dem a mitteld. und südd. Mundarten nahekommt. Vietor fasst ihn als Länge zum Londonschen a in but. Ausser für e (clerk) ea (heart) kommt $\bar{a}$ in vier Wortklassen vor: I. für a vor silbenschliessendem r (r + Kons.), wozu

---

*) Eigentlich $\bar{a}$g nach Sweet, dem zufolge kein l. Vokal homogen bleibt, sondern am Ende abgeschwächt oder halbvokalisch ($\bar{u}w$, ij) wird.

auch are (r = a); II. für a vor verstummtem l in der Verbindung lf, lm, lv; III. für altes *au* in geschl. Silbe, hauptsächlich in Worten fr. Ursprungs, deren u vor n nicht selten in der heutigen Schreibung gefallen ist: branch, aunt — laugh, answer; IV. für a vor harten Spiranten: father, after, glass und in einigen vereinzelten Worten. Vietor lässt den Laut seit Ende des vorigen Jh.'s in England volkstümlich werden, und Ellis bemerkt I. 149 : The orthoopists of the XVIII.th century ignore the sound altogether. Trotzdem (vgl. Pl.) ist für I. und IV. vielleicht die Möglichkeit nicht ausgeschlossen, dass der Laut eine unverändert gebliebene („not recognized") Fortsetzung des alten im XVI. Jh. allgemein gültigen *ā* ist; für IV, wo die phonetischen Entstehungsgründe nicht so klar sind, liegt die Annahme besonders nahe; nach II. 567 würde seine Rekonstitution vom Süden ausgehen.

Die I. Klasse verdankt phonetisch betrachtet ihr *ā* der Einwirkung eines folgenden r, das in violen Fällen den vorhergehenden Vokal beeinflusst (§. 1, §. 6, §. 8). Heute ist r = a, d. h. konsonantisch nicht mehr hörbar. Auch in den Gr. ist r gelegentlich stumm, aber ohne dass dadurch der vorhergehende Vokal notwendig verlängert würde; K. z. B. bei L. W. Pes (harsh hâche).

In II. und III. ist der heutige Laut aus dem Diphthong *au* hervorgegangen, der auch für *ā* meist zu Grunde liegt (§ 3). Das *u*-Element in cha(u)nce, a(u)ncient (schon bei Chaucer) wird bis zum XVII. Jh. gesprochen und in der Rechtschreibung teilweise noch heute beibehalten. Zu Sl.'s Zeit fängt man an, chance für chaunce zu schreiben, und L. kennt fast überall noch au. In II. ist *u* wie häufig aus gutturalem l entstanden (al—au—a^a). a^a wird *ā*, *ā*? Im ersten Falle hätte man es auch hier mit einem alten Laut zu thun. *ā* wird häufig gegeben (El. 62), nicht nur für laugh dance, sondern auch für father u. ä.

Hl: a before lm somtimes drowneth the l and turneth to an u: Calme Caume, Psalme Psaume, Balme Baume; the a receives thereby a more open sound and makes as it were one syllable of two, d. h. es wird diphthongisch? Ein Diphthong wenigstens wird erklärt als „a joynt sound, so that two sounds may be had in one syllable". *au* wie Salesbury? eher a^a; kaum *ā* wie 40 Jahre früher Gill.

Ri: cart caert, guard guaard, d. h. ā = hll aa ae, wie ēỉ;
Sl: ā = hll. aa wie ā (§ 3): yard wie quart; half wie walk;
aunt, laugh, draught wie fraud; auch glass = dlaas. W:
ā wie ä: cart wie mat; calf, half, salve wie tallow, sallad.
EP: ā = ēỉ: calf quêf, half hêf, aber walk uâk; yard yérd,
guard gérd.

D. Gr: ā gelegentlich wie ā (Fschr. 7); noch As ah (§ 3) in
hard, calm, psalm; G₄ in calm. Die regelmässige Entsprechung ist
aber äh wie für ēỉ. L: äh fast überall, auch in Fremdworten:
mustaches (dsgl. Led.); ausschliesslich für haunch, haunt, flaunt, in
denen auch sonst äh bevorzugt wird, qualm; ah zugelassen nur für
aunt, salvation. Häufig auch K: ä in rather, anarchy, bargain,
bark „Rinde, bellen" (bark „Barke" äh), martyr, market,
shark, dark, sharp, art „Kunst" (du bist = ährt), artichoke
(etliche sprechen härtitzschock), martlemass (martinmass), depart, hast „du hast", past, repast, fast, pastime, pasture, vast,
wast „du warst", bath (to bathe: äh), hath, swath, aliment,
bask, answer, castle, masculine, ask (ässk oder äkss äx, IV.
1241), Barbary, barberry, carnal, far, hart (heart), pastor,
parson, yarn; I cannot = cännet. Dsgl. Led: k. ä in hard,
march, barly u. a. (KW) III hat meist Länge*). ä ist noch heute,
bes. im Norden, gebräuchlich. Der neue Laut bei Pep.
„zwischen face und tall" in ask, command, after, calm
(aber are wie face, ä in master) und bei Wa: ah in are (ā
= „ah mit einem tiefen, gezogenen Tone"), palmer, heart;
a in father, rather (ä in master), bar, regard, aunt,
haunt, launch (ā in vaunt, avaunt); aber noch äh in half, calf,
laugh, draught, wie in scarce, where, repair, während a in
fate schon ē.

In den fr. Gr. scheint ā eher bekannt als in den d.
Meist zwar ai wie für ēỉ, ä, oder a, â wie für ā. Bo:
laugh laff, draught draft; Ms: draught drâft, laugh
laiff, aunt aint. Vielleicht aber kennt Pl. den Laut
schon: „L'a étant suivi d'un r ou d'un s au milien du mot,
il faut le prononcer entre les deux sons de face et de tall."
Dies könnte freilich auch ā sein, denn face hat é, ee, d. h.
ē; die Transskription fr. a wechselt mit häufigerm hll. ae (vgl.

---

*) AV. äh, ah, ä und a: draught dräbft und drahft; ah (ā̆)
auch in army, aslant, apparent äppahrent; art ärrt; ark ark.

Sl. S. 28). Dagegen spricht, dass fr. ai nirgends zur Wiedergabe verwandt wird, und e. half, psalm mit dem a in après gesprochen werden soll, das Pl. von e. walk zu unterscheiden weiss. Der neue Laut gilt für alle 4 Klassen, auch in answer, laugh, bastard, father, master, nicht minder für daughter (S. 38), und ausschliesslich in vaunt, taunt, maund, jaunt, jaundice (haunch = hêntch, hentch, hentsj'). Pes: ā. durchgehends wie ä; calf cäffe, laugh läffe, daunt däunt; aber a im Diphthong ā ï S. 50.

Ueber o bemerkt Ellis (II. 571): „In the XVII. century the practice oft reading er as ar (a) in clerk Derby servant service Hertford sergeant still more or less heard in the XIX. came into use." Ri: r litera = er „by sommige ar", das erst bei Pe₁ wiederkehrt. Pe₂ wieder ěrr; Pl: hll. aer. H M. schreibt clark. W: Hertford Harfurd, sergeant sarjant, wie parfect parfit (a ä?). L₃ serge sersch. Wa: d. a in clerk, merchant, merchandise; A₃ in merchant, sergeant, terrier „doch nicht nach den feinsten Mustern". — Ueber ea s. §. 8.

§. 3.
Die dunklen a-Laute: $\bar{a}$, $\ddot{a}$.

Der dunkele a-Laut tritt l. ($\bar{a}$) und k. ($\ddot{a}$) auf. Beide Quantitäten finden sich heute für a und a-Diphthongen, wie für o und o-Diphthongen, ihrem phonetischen Werte gemäss, der zwischen a und o. in der Mitte steht. Die Artikulation ist guttural, d. h. die Zungenhebung findet am Hinter- oder weichen Gaumen statt. Charakteristisch für die Bildung ist die zurückgezogene Hinterzunge und die energische Lippenrundung. Der Laut ist seit Anfang des XVII. Jh.'s in der Sprache heimisch. Die Länge entwickelt sich nach 1600 zuerst aus altem diphthongischen au in au, aw, a vor (gutturalem) l, das schon 1550 zu Salesbury's Zeit aul geworden war (gleichzeitig mit old ould §. 6); die K. entsteht zwischen 1650 und 1700 aus o.. Heute ist beider Umfang zumeist in Folge des Einflusses benachbarter Konsonanten (folgendes r, vorangehendes w, wh, qu) bedeutend vermehrt.

I. Für al sichert Cotgrave 1611 schon den Monophthongen: „a fr. is to be sounded fully as in this English word all". Ellis benutzt diese ihm zu Gebote stehende Quelle nicht, obgleich die Angabe wegen der Aussprache Shakespeare's wichtig ist. Der nächste, Gill 1621, lässt unentschieden, ob $\bar{a}$ oder au. Monophthong ist erst sicher bei Ben. Jonson 1650 (daher Vietor's Angabe, au wird $\bar{a}$ zwischen 1650 und 1700). CH: Auch au, aw = a fr. Dagegen ist möglich, dass Ri. seinem durchgehend altem Standpunkt gemäss noch au, a^a spricht: hll. v litera = vau, vuw (? vaw) „after the English Dialect"; engl. u cons. = vau „volgens de Duytsche Dialect", wie heute im hochd. Alphabet (L. noch: e. v = ev oder va). Sonst nichts über au aw, die deshalb wie das entsprechende hll. gaau kaauwen snauw (aau) zu klingen haben. [$\bar{a}\,\mu$ oder au? HM: snau ist K. zu blaeu (blaauw); Gr. Fl: wie d. au in Frau; heute ou ($o.\,u$).] al: „a wort breeder — als in make — uytgesproken in call, wall, fall. In walk, talk is a wat sachter ($\bar{a}$?), ten zy wanneer de l is uytgelaten; als dan is het wauk tauk, welcke woorden gemeenlijck soo worden gebruyckt." — Später die bekannten Angaben: zu d. ah aa, fr. â kommen hll. a, aa port. â. L: d. ah „doch nicht mit einem vollen Munde gedehnet", während Pes gerade findet: „il est ouvert, il faut le prononcer dans la gorge, en ouvrant la bouche". Wa: .ah tief und gezogen". Pl. unterscheidet walk von half und fr. après. So lassen auch hier die auswärtigen Gr. erst spät erkennen, ob $\bar{a}$ oder $\bar{a}$. Für Ellis steht $\bar{a}$ seit Wallis fest; aber ebenso wie Jonson's Angaben 1640 (I. 64) gegen den labialen Charakter würden gegen die dunkele Färbung sprechen: Podensteiner's Bezeichnung: „a clarum" (G: l. dunkeles a); HM.'s Vorschrift, den Laut mit offenem Mund zu sprechen (vgl. aber Pes, wo sicher $\bar{a}$), und Hl.'s Charakterisierung: „offen und klar wie a in Abraham im Gegensatz zum „geschl." a in make". Gelegentlich steht der ganz helle Laut $\bar{a}\,\ddot{a}$. Pl: daughter daetre, daeter (hll. ae); Led: dähter; chaldron Tschüdern; already älreddi, ahlreddi; L: almanack ühlmänäck; W: Ralph Rafe. Dazu L: äh in taunt haunt vaunt; Pl: hll. ae in maund taunt vaunt; Bo: ai in daunt wie aunt (S. 36). — $\bar{o}$ für $\bar{a}$ in Paul's church, wie seit Chaucer, I. 145. 148. 266: Cotgrave 1611: au fr. in Pauls crosse;

Bo: au = â fr. in Paul, die Kathedrale aber Pols; ähnlich T. L.; W: Paul's church Pole's. — *a u* für *ā* in wawl bei Pl. II. K. o ist möglicherweise für einige Gr. nur ganz offen, noch ohne *a*-Klang. CH: o = "o fr. mais fort court" in lost, frost, losse, crosse. Später aber: "o is not pronounced so round and open by the French, as it is by the English". Hl. scheidet zwischen o sharp in collar, corn, cross und o flat (*ö* § 8) in colour, cousin, mother. Abweichung von der span. Aussprache wird nicht erwähnt. Ri: Nichts vom *a*-Laut; die Transskriptionen geben hll. o, das allerdings heute auch *ā* sein kann (IV. 1292). Im nächsten Jh. findet es Sl. aber nötig, ausdrücklich zu bemerken, der Klang in god, hot, horn sci "cenigsins gemengd, byna als of'er cen A onder gehoord wierd": Sonst wird hll. harde o (offen; ó; § 8) zur Wiedergabe verwandt. Die späteren Gr., die einfach d. a, fr. hll. port. a als Entsprechung geben, verwechseln *à* mit *a*, wie oben *ā* mit *ā*. — L: "o accentuirt in geschl. Silbe wird wie ein kurtzes dunckles a vom gaumen heraus pronuncirt (Led. korrigiert: "von der Kehle") — nicht mit vollem Halse — so dass es einen mittelklang zwischen einem Teutschen a und o hat." Unbetont aber wie k. d. o (II. Teil. § 10); desgl. auch "der geschwinden pronunciation wegen" in London, son u. a. mit heutigem *ö*, fóllow, cónscience, cónduct, sórt, hórse wie worse, ·capót, angelót, philemót. In Montague a. und o. Auch sonst findet sich o häufig in Transskriptionen: L₁ in knowledge (L. a); Sl. in prodigal, formality, clock; Pl. in honour, honest, knowledge gegen a in often, conscience. Ueberall ist dann die Angabe für *ö* dieselbe.*) — Heute giebt es, ausser dialektisch, im E. kein offnes *o* mehr; dasselbe gilt vom geschl. k. Laut. § 8.

III. Für die erst gegen Ende des XVII. Jh.'s entstandenen *d ā* Laute handelt es sich darum, die Zeit des Uebergangs im Einzelnen festzustellen.

1. a: K. a, heute *à* und *ä* geht auf ein ursprünglich einheitliches, helles *a* zurück, das sich zwischen 1650 und 1700 zu palatalem *ä* entwickelte. Durch den Einfluss labialer Konsonanten (w, wh, qu) scheint ein Teil der Worte von dem

---

*) Besonders AV. verwendet o und a wie es scheint ganz ohne festes Princip: authority athorriti.

Uebergang zurückgehalten worden zu sein. Zunächst noch *a* nimmt dann der Laut im Anfang des neuen Jh.'s die tiefere labiale Färbung an, die heute mit der Aussprache des o in God zusammenfällt. Ellis, der den Uebergang von *a* zu *ä* früher setzt, nimmt auf Grund seiner Quellen auch *ä* für what an. Vielleicht ist *a* geblieben; eine Verwechselung zwischen *ä* und *a* wäre wenigstens denkbar; vgl. Led: „Die beiden Pronunciationes — that und what — werden in den meisten hie zu Land edirten Grammaticis mit ein ander confundirt, und entweder unter eine Regel gezogen, oder Exempeln von beyden in selbige Regel gebracht" — der gewöhnliche Standpunkt, z. B. bei T. B. G. KW. A₂. L. — „Dies ist um desto eher zu excusiren, weil k. ä würcklich in etwas dem k. a approchiret." — Sl: was wie as; water wie hll. water; hll. aa (ā) in quart quarter war. — Im XVII. Jh. gilt ā nur für au, aw, al, z. B. bei CH. Bei Cooper 1685 zuerst der dunkele Laut für was (I. 69); M. (Ph. St.) für water quart; Jones 1701 für water; Expert Orthographist 1704 regelmässig nach w. Darnach W: „a is broad, when it comes after a W in the same Syllable, as War was Swan." Dagegen: L₁ : ab nur in wrath award reward warren quart quarter water; sonst ä. L: ah in water award reward ward warden (habes Kinderspiel); äh in dwarf wharf (dsgl. Led. [K W] III) warp warpen wardpenny to swathe wrath qualm; k. ä in warm warn warp thou wast swath wash watch quart quarter. „a in geschl. Silbe ja nicht wie d. a, sondern wie k. ä in as äs, was wäs (nicht was) what huütt (aber ja nicht wat noch huat)." — Aehnliches Schwanken überall: Led: quadrate quähdrähte, ä in quarry quandary, desgl. (KW) III quadrate, G₃ qualm. wrath mit üh bei Led. (KW) III, ah bei B. A₂. Wa: „a wie ah zwischen w und r (war) u. überhaupt nach w, wenn es nicht durch das stumme e l. gemacht wird, oder x, ft, ck, ng, folgt: wax, waft, twack, twang, auch wasp mit ä"; ah in squadron; quality mit ah = Personen von Stande, mit ä = natürliche Beschaffenheit einer Sache. — Zunächst wird der neue Laut mit ā in all identifiziert; gleiche Aussprache mit o in not wird ihm nur vereinzelt gegeben. W: yatcht yot; Pl. quantity wie olive; M: quart, horn, wie o in god „mais un peu long"; Wa: chap tschop. Pe erst transskribiert o wie a mit â und macht nur in der Länge einen Unterschied. Dagegen A₃: a wie o nur in quantity, zum Unterschied von was, what, all. Thieme-Preusser's Lexicon hat heute noch (nach Walker's System) für quart (nach qu) und horn den gleichen Laut (ō.), der sich von water, all unterscheidet. — ā (ah) für ǫ verlangt (KW) III in wroth; für k. au in saussige, laudanum, laurel, und o in not giebt L. das gleiche a (Wa: au wie k. d. o in cauliflower, laurel). Ellis hat heute noch 2 verschiedene Laute für not und what. o ist „weit", d. h. es wird mit Ausdehnung des weichen Gaumens und Erweiterung der hinteren Mundteile artikuliert. Vietor hat mit Sweet für beide das gemeinsame d. — Beim l. Laut kommt hinzu, dass Ellis o in glory, oa in soaring, ou in pouring nur als ō. fast gegen ā in George, order, broad. Dieser Unterschied „ist heute in der mustergültigen Londoner Aussprache gefallen und wird nur noch im Norden beoachtet."

2. o, oa, ou vor r: Vor r scheint in einigen Worten ō. wie im XVI. Jh. zu bleiben; in andern wird der allgemeine Uebergang zu ō̆ mitgemacht (§ 6). An die zweite Klasse schliesst sich das aus ū entstandene ō̆ in court, mourn. ō. wird im Anfang des XVIII. Jh.'s zu ā̆, ō̆ erst in der zweiten Hälfte des XIX. Daher Ellis' Unterschied zwischen ō. und ā. Die ältesten Gr. kennen ā̆ nicht und unterscheiden ebenso wenig zwischen offenem und geschl. Laut. Erst Sl: glory dlari; aber George dsjordsj; für force, course, oar gilt hll. oo wie für know, boat. Freilich ist heute auch im hll. l. o vor r offen (IV. 1292). Später wird der Unterschied zwischen ā̆ und ō̆ beobachtet, daneben aber vielfach K. verlangt. a) Vor r + Kons.: L. 1) ah in cordial Lord order border bordel George form (Form) torment enormous former formidable scorn corn corner horn thorn adorn ornament born (geboren) fortnight morning (El. 50) fourty [(KW) III: ah in forty, oh in fourth fourteen]. 2) oh in cord cordage ford hord sword to word afford force divorce porch torch gorge pork form (Bank), Partic.: torn worn forlorn born (getragen), forth fort port transport portion mourning (El. 50) mourn; Lı schon in court course fourm gourd. 3) k. a in to sort exorbitant orb orchard organ orthodox orphan fortune fortify cork corporal accord concord ordeal sordid ordure sorcerer orchard fork stork worm storm retort extort exhort short north. Heute überall Länge bei vokalischem r. Schon (KW) III hat ah in short sort storm. Wa: „o bekommt einen tiefen,

gezogenen, dem a sich nähernden Ton in einsilbigen Wörtern vor r + Kons." — b) Vor auslautendem r, re, r der nächsten Silbe: Vor auslautendem r meist K.; L₁ for „denn" far; for „für" for oder far. (KW) III: ah in for, or. L: oh in whore, forefather, aber k. o (ö) in forehead, poreblind, wie unaccentuiert in therefore. Sonst vor re und dem r der nächsten Silbe bloss oh, wie auch für oa, oo, ou vor auslautendem r: oh in oar ore (o'er) poor four choral territorial story. Die einzige Ausnahme bildet „glory nebst seinen derivatis, glorious, glorify. Dies wird in und um Londen wie ein langes ah gesprochen (ob es schon im Nordischen theil — gegen Schottland zu — analogice wie die übrigen, mit einem langen o pronunciret wird)". (KW) III. Led oh; Pl. glory gleauri; gloori. L₁ beharrt aber auf ah.

3. o, oa, ou in anderer Stellung: Es handelt sich um broad, groat und Worte wie ought, bought. CH. Hl. Ri. haben nirgends $\bar{a}$; Ri: hll. oo in broad wie in boat. MF: $\bar{a}$ für ou, nicht oa. — Für bought war Cooper 1686 der erste, sodann M. 1688 (I. 159). MF. und M. werden Quelle der d. Gr.: T. sogar borough borâ, thorough thorâ (IV. 1073). Sl. ought oot, wie though, bough; aber $\bar{a}$ in bought, nought, fought. Nach einer andern Regel gilt derselbe Klang — o zo breed, als of'er een A onder vermengd was — auch für ought. L: ought aht; aber aut in drought, doughty, fought (gefochten, ich fochte) „wiewohl etliche das ou in fought wie ah aussprechen"; „selbst in London differirt man in der Aussprache" (I. 306, 144). — Für oa $\bar{a}$ zuerst bei Podensteiner (woher?); Ellis nennt hier den Laut erst 1704; nicht bei Offelen, aber bei T. Ha. und später. L₁: oa = ah in broad, abroad, groat, froath, loath adj., moath Motte, oath-meal (grütze, ahtmihl); oh aber in oats, oatcake, to loath, loathsom; oat aht. Sl: oatmeal atmeel (nicht $\acute{o}$ wie in god), neben aa in groat broad. Pes: $\bar{a}$ in broad, groat, loath, a in oatmeal (âtmill). Pl: $\bar{a}$ für ought, nicht oa: oatmeal otmel, dsgl. W. — Für ou sonst: L₁: ah in cough, dsgl. Wa. (Sl: kóv). L: ah in cough, chough, trough. Sl: cough klingt etwas anders als bought und „vereyscht mondeling onderwys", W: Gloucester Gloster (a, für $\bar{a}$ gilt au) Pes. $\bar{a}$ in cough, trough. — Für o: L: k. a in cloth (oh in to clothe, both, betroth); ah in loth adj., froth, wroth „zornig", sloth, broth,

moth; k. a in off, often, oft; k. a in tost, crost (crossed), cost, frost, lost; ah in foster; oh in post, posture, apostle; ah in droll, loll; k. o (o˙ ŏ § 10) in swollen geschwollen; ah in moss; oh in to engross; oh in problem, probity. (El. 50 Anm. 2). Pes: l. â in offer office often orb ox frost horn soft lord; d in loll. G₁—₄: ah in betroth, cross. L. o wie in most auch in cost, tost bei MF₁, MF₂ nur tost; dsgl. in resolve, revolt. AV. both bohth, bahth, oh in ostler, ostlery. — d d̄ gehen einerseits aus einem a, andrerseits aus einem o-Laut hervor; in einem Falle unter Beihülfe eines labialen Elements au, aw, al (aul), wa, wha, qua (hierher auch ou?), im andern zum Teil unter dem Einfluss eines folgenden r, das silbenschliessend und vor Kons. zu vokalischem a geworden ist. Das k. offne betonte o des XVI. Jh.'s ist wohl in seiner ganzen Ausdehnung zu d geworden (l. 225: in a few words o. remains, as cross, gone).

§. 4.

e, i, i͞e, ai.

I. 1. Qualität des e: Die Engländer haben wie die Deutschen wahrscheinlich schon seit angels. Zeit nur einen k. e-Laut in der Sprache. Er ist offen und entspricht d. e ä in fett, Hände, fr. k. è ê ai oder e in tel (S. 32). Ein geschl. k. Laut, vom offnen streng unterschieden, kommt bei Fr. und Italiänern vor. In den Gr. wird als Lautwert der entsprechende Vokal der verglichenen Sprachen gegeben: fr. e e ouvert, hll. e, span. port. e, d. e. EP. fasst den Laut als K. zu a in baker, port. ê; W. als K. zu e in where, there, equal.

Gelegentlich wird auch fürs E. ein Unterschied zwischen offnem und geschl. Laut gemacht. Den Fr. stehen zur Bestimmung 4 Klangwerte ihres eignen e zur Verfügung; nach

MF. o mas(culin) (é: strong, distinct, clear; geschl.), e ouvert, neutre (è ê ai, e in mes, tes, terre: offen), e fém(inin) (fr. de, vgl. Teil II. § 10.), e vor m und n (fr. en). Genau so bei M. u. Bo: sämmtliche vier finden sich in empêchée. Auf's E. übertragen bezeichnet é masc. bei MF. (Led. A₁.) $\bar{\imath}j$ in he, während bei M. die Bezeichnung auf $\bar{e}$ $\breve{e}$ beschränkt bleibt. Pe. giebt 4 Klassen von engl. e: 1) e long in he 2) e bref in red 3) e fóm. in barrel 4) e muët in grace. Im Alphabet findet sich durchgehends e, nur MF. m aime, n aine (wie L₂: är, neben eff el). M. MF. geben im allgemeinen é masc. für den geschl. l., è ouvert für den offnen k. Laut. Pe₂ hat umgekehrt é masc. für red, convert, breakfast, heifer, aber great = grãit. Desgl. M ausnahmsweise lest lést, fierce férce. Auch e fém. wird herangezogen: M. in her, yet, red, bread, breakfast; Pl. bread, dead wie e in de; Pe₂: friend frénnd, suspend sospénnd. — Unter don Hll. macht Ri. weder fürs E. noch fürs Hll. einen Unterschied zwischen offnem und geschl. Laut. Sl. scheidet analog dem o „flaawe E" und „E heel sterk" in beiden Sprachen. Das schwache (geschlossenere?) e ist das gewöhnliche, das starke (offenere?) é wird gehört in sméll, félt, detér, refér (Epitomé, Phebé, Penelopé, jubilé), éarth. Hierzu e. verse, herse, ready = hll. ster (star) pers redden? Heute gilt auch im hll. nur der eine offene Laut. — In andern Fällen sind die Angaben dieselben für e wie für k. a in had. Bei D. und Fr. ist dies erklärlich, weil sie kein $\ddot{a}$ in der Sprache haben und der akustische Unterschied ziemlich gering ist, bes. wenn e in der Färbung e., wie heute moist in Schottland auftritt. Aber solbst W. schreibt: Breutfort Branfurd, enough anuff, errand arrant, melancholy mallancollee, wie Guernsey Garnzoe. Nach MF. M.'s ai, e ouvert hat T. d. ä in egg, hell, ell, left (peacable päsäbel); B. ausserdem in ebbing, element, neglect. Bei beiden gilt für engl. a neben a schon ä. L: ä in wrestle (W. e), wreck, berry „Beere" (e in bury; W. e); k ca = ä vor r ($\ddot{o}$, S. 77). Die Uebereinstimmung von d. ä und e erkennt (KW) III: e in bed wie d. ä in ächzen Fässer, oder e in Geld Bett. In § 1 zeigte sich umgekehrt von a ausgehend eine Berührung beider Laute, indem $\ddot{a}$ zu e herabsinkt.

2. Qualität des i: K. i ist im E. und Nordd. offen, während es im Südd. und bei den romanischen Völkern dem l.

Laut entsprechend geschl. ist. Vietor und Ellis nehmen auch für die früheren Sprachperioden offnen Laut an. Die Gr. freilich geben dafür fr. port. span. und d. i. ohne Einschränkung; andrerseits aber wird das sehr dunkele und *e*-haltige hll. i eingesetzt, selbst von Sl, der ein hinreichend gutes Ohr hat, um den Unterschied des hll. vom fr. i richtig zu konstatieren. Heute ist im Hll., wie in Schottland, i nicht selten ganz zu *e* geworden. Für *e*-haltiges i spricht vielleicht auch die allerdings auf wenig Worte beschränkte Angabe *e* z. B. hither, thither: d. e. T. B. L. G_1—₄; Sl. hedder; e fém. (*a*?) M_1—₃ Bo. Pe; wither: e G_2—₄; arithmetick e L. G ₂—₄: Mithridate L. meddridät, W. Mettredate. Auch ausser vor th. L: sirah-särrü ([KW] III sserrü), miracle merräkel, lat. premunire premunäre neben ey. — Geschl. k. i existiert im E. nicht, nur˙ dialektisch in Schottland.

3. Qualität von *i*: Ein zweiter k. i-Laut, noch offener und *e*-haltiger wie *i* (nicht selten sogar volles *e*˙), findet sich in unbetonter Stellung sowohl für altes i (critick, divorce), als auch sekundär aus a, e, ai, ei entstanden (village, repose § 5). Ellis' entsprechende Bezeichnung ist (*y*), daneben aber giebt er für event, believe geschl. i, das sonst in der ganzen Sprache nicht existiert, seiner Annahme nach aber schon im Angels. in offener Silbe galt. „At present the distinction between *i*˙ *i*. in such cases is rather doubtful, and both are apt to be merged into a^u. Gelegentlich *i*˙ für event (IV. 1165). Der Laut ergreift die hellen unbetonten Vokale, wie das unbestimmte *a* (§ 10) ungefähr gleichzeitig die dunkeln. Ueber seine allmähliche Ausbreitung vgl. § 5.
— Im Auslaut wird vielfach noch Länge verlangt (§. 10): Ri. jeopardy dshehpardie; W. frumenty furmitee, courtesy curchee, thirsty thustee, wie debauchee deboshee, dsgl. in Mary, guinea, honey, thirty, money, jeopardy, lacquay, monkey (El.: „$_n \bar{i}$˙ auslautend, z. B. in city ist ganz uenglisch."); y (*i*) aber in bury, busy, bery, beauty [anemony emmeny, dictionary dixnery, subtilty suttlety, alchymy occamy, hierarchy hirarky, Dorothy Dorroty, Cecily Sisly, Zachary Zaccry]. Bei L. durchaus K., selbst in Compositis wie figtree. — Der Lautwert wird häufig als e bestimmt, nicht nur für altes e (e, ea, ey, ay § 5), sondern auch für y, ey, ee; i unbetont ist dagegen stets i; d. e (T. B.) e ouvert (Ms) ganz ausnahmsweise in porridge (weil

ursprünglich porrnge); vgl. aber Jones I. 183. — Für ay, ey: é masc: MF. in allen Auflagen, Rog, M₂, Bo (i nur in humbly, duty), M₃ erst i; d. e T, G₁—₄ (auch coffee seit 1741: ey, ee wie k. e oder i); H₈: ut i: money, ut e kidney; A₂: „wie ein verschlungenes o oder i", journey dschurne, guinea ghinne; W₈: barley barle — i durchaus bei L₁ L. L₂, (KW) III, Ri, Sl, Pl, Pe; T. sogar awry ärrä neben ärei. — Länger hält sich e in epitome, Phoebo u. ä.: Sl. e, é; L₁ (KW) III d. e (L. Led. i); M₃ Bo. é masc. (M₃ i). W: „e is pronounced at the end of a foreign Word, except where the Termination or End of the Word is made English, as Tyre, Ode, Scheme", so auch Jessamine Jessemin; wie L. troche trootzsch, strophe strooph, wo heute i, dagegen e = i in dirge novale, wo heute stumm. Er schreibt auch conge jubile (heute ee), anchore crone (y). — W. protonotary prothonnetor, wie L: apoplexy äppoplex.

4. Die Geschichte der 3 Laute zeigt die im E. so seltene Erscheinung, dass ursprüngliches e i ihre alte Aussprache durch alle Perioden der Sprache hindurch im ganzen bewahren. An Umfang haben besonders die beiden i-Laute im Laufe der Zeit beträchtlich gewonnen (§. 5). i der Endung ist fast überall durch e hindurchgegangen, das daher im XVII. Jh. seine grösste Ausdehnung hat. — Heute wird e meist e, ea geschrieben. ea ist graphisches Zeichen, selten für ursprünglich e, meist für altes ē, das sich in geschl. Silbe allmählich verkürzt hat (§. 5). — In leopard findet sich die Schreibung eo (eo für i in Theobalds: W. Tibbals): auch hier nur graphische Abweichung; schon Chaucer schreibt oe, eo für e, „when an e usurps the place of o"; dieselbe Schreibweise für altes ē in people (in feodal für en). L. spricht k. e in feoff, jeopardy, leopard, Geoffrey, yeoman (S. 48). W: Leonard Lennard. Dsgl. e für yolk (Sl: e; L. [KW] III. d. e; Bo: o fém. gegen ō bei MF.M.). —
ie und ei bezeichnen gleichfalls beide ursprünglich ē (§ 5). In friend wird ē erst ī (Ri. E P.) dann i (L. [KW] III; M₃ und ₃; W.) dann e (A₂; Led: i oder e; Pe₂ ï oder ĕ). Für pierce fierce überall k. e. L: „Mittelklang zwischen e und i". A₂ erst hat daneben l. i. In andern Worten ist erst nach dem Uebergang von ē zu ī K. eingetreten und i dann geblieben: L. k. i in mischief, handkerchief, lieftenant, sieve,

rieuse (reinse). Dasselbe schon T. — ei = k e nach L. in heifer, heffer (l. bei Jones), forfeit, leisure leschschur (Sl. ac wie their, As libschur, AV. lischorr), forreign, counterfeit, surfeit; „nach etlichen auch in either, neither (sonst ē wie conceive) und reinse (sonst nebst Seignior: k. i)". W. Leicester Lester. either und neither: Ri. hll. a˙ae, wie in their; k. d. e bei L₁ Ha. G. Led. A₂; e fém: M. Bo. . M F₂ und s; é masc. M F₁ Rog. Pe₂; Wa. ih. — K. i aus Kürzung von oe hervorgegangen bei L. in week Ducht, creek, breech, screech — owl, threepence, leef „lieb", sleek glatt, been gewesen „im geschwinden reden" (schon Hl. schreibt bin); Sl. nur in breech, Pes nur in threepence; in den frühen Grammatiken nirgends. Die eigentliche Schreibung für *i* ist i, y (y besonders für griechisch *v* und am Wortende altem ig entsprechend ist seit dem XIII. Jh. mit i identisch; angels. *ü*). Die Schreibung u für *i*, e in busy, bury ist ein Ueberbleibsel aus dem XIII. Jh. (I. 579) für angels. y. — ui in build steht für einfaches i (S. 51 I. 579).

5. Länge und Kürze: HM. *ē* in cement, senate, tenant, zedary, jealous. Ueberall offene Silbe. Ri: *ē* in heaven, deaf, eat (hll. ee); jeopardy dshehpardie (k. bei B.). Sl: phlegm fleem (*ē*? W. ˙fleem [*ī*], AV. flemm); realm râlm (â?). W: feoffee feefee, Esthur Eesthur. EP: deaf dèff. T: l. i in build (S. 51) wie buy = bï; l. e in leather (Sl. k.). L: ie, ih für e in èdify, èmulate, èvitable, ingènit, nèbulous (AV. nihbolos), numèrical, pèdant (AV. pihdant[ri]), peripatètick, pèsage, pètalism, pètrary, plenary, plenitude, plethory, predatory, schedule, semicircle, semibrief, tonable, tepid; dsgl. dèsart dicsärt; nephew nieviu.

Die ausführliche Liste für ea = k. e enthält von den bei El. 70 angeführten Beispielen nicht: reading, stead, heather, zealot, zealous, weapon und die Präterita leapt, lead, spread, eat, die desshalb nach dem Muster von heard hiehrd (dsgl. Led.) als l. betrachtet werden dürfen, da sie auch Sl. sämtlich in seiner Aufzählung nicht giebt. — äh in waistcoat. G₂: l. e in earl, early (wie Led. IV. 1044 u. Pe₂: ăi (*ĕ*) in early, earnest, earn). ˙(KW) III: ih in devil. Umgekehrt auch K. für heutige Länge. T: peacable päsübel; B. pesübel. L: k. e in decent (dossssent neben seltenerem diessent), fréquent, sécret, facétious; ea = k. ä in pear, bear; k. e in heavy, fleam, beard, jeat, leacher, sheath, shearman, teaster, teasty, treadles, weasand, wreath, yeast, die El. 70 nicht mit nennt; eo = k. e in yeoman (W. yemun, Pl. yeaumen, joomen; Led. jemman oder jieman; A₂ jihman, G₂—₄ jihman, [KW] III jiman; Wa:. k. i, A₃ k. o); ai = k. e in again (nicht auch äh); ei = k. i in seignior; ie = k. i in fiend wie in friend, daneben fiend. G₁—₄: k. e in sheath, yeast, clean; beard l. e seit 1741. Led: k. e in break; (KW) III in great, A₂ in break, reach, great; AV. ere err, ne'er (never) nirr. M₃: beard, to leap wie bread, breakfast. Pl.: k. i in neap; k. e in oatmeal otmel (W. otmell; Led. ih). Auffälligerweise zeigt sich mehrfach K. auch in even, evening, evil: L₁ ivv, während iev für eve; L: k i wie in seven, devil, ever (S. 56); ih in eve, ere. Led. (KW) III l. i; aber T: even ifen, evil ifil, iff'l, wie ever ifer, devil diff'l; wogegen eve = if; dsgl. B: iffen, iff'l, iffening, iv; (KW) III: equal, Egypt, wie ever und die unbetonten elect, event: k. Mittelklang zwischen i und e.

.

II. 1. Ellis bemerkt I. 117 an dem Diphthong *ai* in time eine „extreme brevity of the first element, which makes the analysis of the sound so difficult". Dies erste Element, entsprechend *au* in cow, ist nicht genau genommen d. helles *a* in Stein Hain (*ai*) Baum (*au*), sondern, in der Londoner Aussprache, vielmehr das gemischte *ö* in turn (§ 8). Der zweite Teil ist ein Mittellaut zwischen *i* und *e*. Wirkliches *ai* findet sich provinziell, *ái*, *ãi* sind vulgär, *ei* ist die schottische Aussprache des Diphthongen. Im Laufe der Sprachgeschichte hat sich der Laut zweier Wortklassen bemächtigt; vom XIII—XVI Jh. gilt er für ai uy ei ey, die später zum grossen Teil monophthongisch werden (S. 26. 53). In wenig Worten hält er sich noch für die Schreibung ei: bei Ri. in weight, eight (dsgl. Wallis 1653; Cooper 1685: d in eight ist vulgär); L: height, sleight, pleiades, eilet-hole, weight (über dessen Aussprache — äh oder ey — man „selbst in London" differiert), eiss, heyday; G$_1$ neighbour (G$_2$ geschwunden); W. height, nicht weight; AV. speight. In bes. grosser Ausdehnung bei T: feign, deign, weight, neighbour, eight, unbetont in forreign wie in rein. either, neither (S. 47) kommen dagegen wohl nirgends diphthongisch vor. Für ay in aye „ja, ach" hat: L. ei, M$_1$ aï, M$_2$ ai, wie AV. ü. Ueberall ai in eye (XIV. Jh.: $aij\cdot e$, $ai\varsigma e$, $i.e$; XVI: ei, ai). Vom XIV. XV. Jh. ab ergreift der Diphthong das alte i. in time: XVI. Jh. ei (neben $\bar{\imath}$.). Der heutige Laut gilt seit Wallis 1653 (Gill 1621?). Der Monophthong kommt noch dialektisch, z. B. in Schottland vor. Einen Unterschied in der Aussprache zwischen altem und neuerem Diphthong giebt es heute nicht (ebenso wenig wie zwischen hll. ey und y I. 295): eye wie time; aye aber nach Ellis im Gegensatz zu den andern wie d. ai. Ganz entsprechend hat (KW) III: ay'e „ja" wie ái, time, eye wie ei (s. plough S. 61). Ri. bevorzugt hll. ey für ei, hll. y für i; [1]) aber eye, eyes wie y, ye, „beyde de ee werden uytgelaten"; Sl: i = y, eye aber wie hll. ai in kaiser (keiser); W. eye = J. Sonst kommt eine dem historischen oder dem phonetischen Standpunkt der heutigen Sprache entsprechende Scheidung nirgends vor. Eine deutliche Spur des alten Monophthongs zeigt Cotgrave 1611: „igh est prononcé diversement, ou, comme il est escrit ($\bar{\imath}j$), laquelle est la plus ancienne et comme je croy la vraye prolation, ou comme ei (ei) diphthongue (prononciation moderne et fort usitée à Londres et ailleurs): light = leit." Bei C H. bleibt: i l. wird gesprochen „as if it were a dipthong composed of ei". Die d. Gr. geben überall ei, ey; L. unterscheidet

---

[1]) Für Ri. wäre nach Analogie von $\bar{u} > au$ (§ 6) und nach dem Beispiel von Palsgrave u. Bullokar vielleicht monophthongisches $\bar{\imath}$. nicht undenkbar. Sicheres lässt sich über sein als Entsprechung gegebenes hll. ij nicht ermitteln. Hll. ie = e, ee wird jedenfalls streng ferngehalten. ΠΜ: hll. ij „as the sound of a double i" ($\bar{\imath}$? $i.\bar{\imath}$? $e'i'$? Diphthong mit offenem i oder geschl. e als erstes Element?).

wie bei allen Diphthongen zwischen K. und Länge, k. ei z. B. in whitsuntide (heute i), eih bes. für Verben (S. 61). Die Fr., denen der Laut wie die fallenden Diphthonge überhaupt fehlt, umschreiben ihn mit aï, seltener eï (M F für y und in blind, fight). Bo: aï avec un certain adoucissement; Pl. äi; Pes: äï = aí, während a u in cow = â ou d. h. du. E P.: port. a i (ái). Nicht nur Mauger hll.-fr. Gr. 1691 findet, dass fr. i in vin, ai in craindre, ei in feindre wie hll. „ei of y" klingt, auch Bo. in Ms konstatiert: i in fr. simple, vin wie ai in faim, main. Beide sind „a true diphthong" = eï, wie e. i in time, fine. Pl. verwendet meist hll. ey ay, zur Transskription, selten blosses y; hll. aai (S. 31) wird nirgends herangezogen.

2. Länge und Kürze: ai für i bei: Podensteiner in synod. T. tributo, synod, vindication, liberality, imagine, infinite. L. 1) bigamy, bilander, imprimery, nithing, conspiracy, lithy, ritual, piazza, chrysocal, chrysolithe, elysian, pyramid, pyromancy, pythoness, sycomoretree, tyranny, tyrannize; 2) sliver, tiny, triglypk, trigon, tripod, Vienna, cynosure, hysop, wo der Gebrauch heute schwankt; 3) aestical, constipate, cordiner, argile (mit L.'s Accenten), wo der Wechsel der Quantität durch den Wechsel der Betonung bedingt ist. Led. orvietan, piastur, piazza, pyromancy, siren, tiny, tripod, virago, vivacious. (K W) III consider. As conspiracy, to tind. — Umgekehrt i für ai, besonders bei A V: betont in library libbriiri, idyl, to idolize, vortonig in idólator, idónoous. — Im Nachton: B. ei in visible. (L₁ : i). L. in sacrifice, dentrifice, cockatrice; hèrile, infantile, juvenile, virile, exile, bissextile; pastime; Valentino und überhaupt „in vielsilbigen nom. propr. und appellat. und adj. auf — ine, die von den lat. auf — ina oder — inus, derivirt sind", darunter discipline (noch G₄), ultramarine, carabine, sanguine; saphire; Jacobite, appetite (auch: äppetit), bipartite, parasite, Levite; appetitive, constitutive; (G₄) dsgl. prosolyte; in geschl. Silbe in poreblind; sennight mit i, bei Sl. A V. Wa. mit ai. (KW) III ei in artifice, benefice; sonst, wie G, fast wie B. i bei L. in warlike warlick; gentile; Led. in parasite, concubine. Sl. vortonig in viscount vikount. — In betonter Silbe hat L. K. in benign, condign (beninggn; AV. bininn, kandinn); während sign scyn. Das-

selbe bei Jones; Led. ei. — T. giant dschüant. — Für build galt wohl ursprünglich Diphthong. I. 136: „Dr. Gill (1621) stumbles over build, giving the three sounds (b ai ld, b i ld, b $ü$ ld). The more ancient sound must have been (b $\bar{e}$ ld) or b ei ld) whence (b i ld) descends easily." Dieselben drei Laute kennt Ri: „To build als met een korte i; alhoewel sommige door onwetenheyt het buult (b $\bar{u}$ lt § 7) noemen: maer seer zijn zy misleydt die geleert worden ui gelyck ey te pronuncieeren."

3. Durch den Uebergang von l. i zu ai ist die Stelle des alten $\bar{i}$ Monophthongen in der Sprache leer geworden. Die Lücke wird ausgefüllt durch 3 Klassen von Worten: durch den Wandel von k. i zur Länge, durch Fremdworte mit l. i, die den Laut ihrer alten Sprache beibehalten und durch den schon vor und während der Diphthongierung beginnenden Uebergang alter $\bar{e}$ zu $\bar{i}$ (§ 5). Auch für den kurzen Laut sind 2 entsprechende Abteilungen zu scheiden: Wörter, die altes i fortführen und solche, in denen der Laut erst sekundär aus e sich entwickelt hat. Zur ersten ij-Klasse gehören etwa Zusammenziehungen wie shrièvalty für sheriffalty L; shreeve f. sheriff, mastoo f. mastiff, gec't'um f. give it them, wee yo f. with ye (with me wi'mmee) W.

Für die zweite Klasse hat L. ie in gentile „artig", to cashire, to frontire, pique, repique, to carine, ratine, chagrin, intrigue, fatigue, ligne, cashior, mountainier, serasquier (dazu frize „Boy", raperies irländische Räuber; brie „Breme"). W: ee in pique, machine. Wa ih in magazine, recitative, suite swibt. AV. marine märihn und marein; magazine mäghäsein oder mágazine mägüsein; asylum asihlom.

Offelen transskribiert guise gise, guile gile. Die Schreibung stammt von M F.'s ghide, ghile, der aber keineswegs monophthongischen Laut beabsichtigt. Auffälliger ist T.'s guide gíd, cite sít, wie exceed exséd. Dazu Rog: guise, guise fr. read gide, gise o. (engl. i = $\bar{i}$?) Auch hier schon ai, selbst wo heute ij: L: ey in oblige („etliche pronuncieren auch obliedsch", das sonst überall vorgezogen wird; noch As — heute in Schottland), Sire, saline, canine, lion, oblique, marine, ultramarine. Pl: pique païk, peyk; M1 und s oblique oblaïke, aber i in pique, antique. — Die dritte Klasse s. in §. 5.

§. 5.

Die Uebergänge zum i-Laut ($\bar{y}$ $\bar{i}$, i, $\overset{\bullet}{i}$).

Der neue $\bar{i}$-Laut, der nach Diphthongierung von ursprünglichem l. i dessen Stelle einnimmt, ist im Gegensatz zum alten zunächst geschl. Ellis charakterisiert ihn noch einfach als $\bar{i}\cdot$; Vietor giebt nach Sweet heute genauer $\bar{i}j$, $\bar{i}$ vor r = a. „Das diphthongische $\bar{i}j$ setzt ein mit offenem i und geht durch stärkere Zungenhebung in konsonantisches j über." „$\bar{i}$ wird noch etwas offener gebildet." Die Gr. haben hll. ie, d. ic ih, fr. i î, die auch geschl. sind. — Der weitaus grösste Teil des Lautes ist aus altem $\bar{e}$ ($\bar{e}$, $\bar{\bar{e}}$.) hervorgegangen (geschrieben e, ea, ei, ee, ie). Der Uebergang geht von $\bar{e}$ aus; zuerst — Ende des XIV. Jh.'s? — in to be und den Pronominibus he, she, me etc. Mitte des XVI. Jh.'s ist die erste Periode abgeschlossen. Seitdem wird orthographisch ee zur Beizeichnung der schon zu $\bar{i}$ übergegangenen Laute einführt. Aus altem $\bar{\bar{e}}$. war gleichzeitig bis dahin $\bar{e}$ geworden, das nun — freilich nicht ganz konsequent — in der Schrift durch ea bezeichnet wird. Es bleiben die Schreibungen e, ie, ei. Das e der heutigen Orthographie gilt wie noch jetzt nicht selten im Irischen*) im XVI. Jh. fast durchweg für $\bar{e}$, besonders in lat.-griechischen und fr. Worten. Bis 1650 sind als $\bar{i}\cdot$ angegeben, ausser be we: bei Hart 1569 metre here, bei Bullokar 1580 here seldom; even evil erst 1668 bei Price und Wilkins. — ie, eine vielleicht in Anlehnung ans Fr. (niece piece siege chief) eingeführte Schreibweise, ist seit XVII. Jh. identisch mit ee. Chaucer schon bezeichnet $\bar{e}$ mit ie in mischief believe (I. 262). Noch CH: greeve releeve neben grieve; Ri: bier ofte beer; Poden-

---
*) Die sogenannten „mispronunciations" des Irischen und teilweise auch des Amerikanischen sind überhaupt, wie Ellis nachweist, meist fossile Ueberreste der im XVII. Jh. gebräuchlichen Aussprache, was sich geschichtlich sehr wohl erklärt (IV. 1230).

steiner (Fschr.) theef beleeve und Sl. L. W: peece (piece) freeze (frieze) theef neece beleef.

Bei L. und Ms gilt dafür noch eine dritte Orthographie: peice, cheif, feild, yeild. G. weild. Wo ei rechtmässig steht, bezeichnet es um 1650 niemals $\bar{i}\cdot$. Es sind 2 Klassen zu unterscheiden; in einem Falle ist ei identisch mit ai (§. 1), im andern ist die Entwicklung mit Ellis' Worten folgende: „deceive was (— a_i —) in the XIVth and even XVIth centuries, became (— e_i —) and passed into (— $\bar{e}$ —) in the XVIIth century."

Das aus Diphthong oder $\bar{e}$ entstandene $\bar{e}$ erfährt in der zweiten Periode des Uebergangs gleichfalls den Wandel zu $\bar{i}\cdot$, und zwar ungefähr in der Zeit der Gr., 1650—1750. Die erste Periode (altes $\bar{e}$; ee, ie) kommt nicht mehr in Betracht; auch key, people (CH. peeple) sind überall $\bar{i}\cdot$. Für e, ea, ei aber lässt sich die allmählige Zunahme des i-Lautes deutlich verfolgen. — Heute ist altes $\bar{e}$ fast durchaus $\bar{i}$ geworden; die wenigen Ausnahmen s. §. 1; die dadurch in der Sprache entstandene Lücke wird zunächst durch l. a in fate ausgefüllt, das aber heute diphthongisch ist.

Hl: b litera like the bleating tone of the Sheep ($\bar{e}$.? $\bar{e}$ S. 28). CH. e vor v, k manchmal wie i: eke, even (s. I. 81); ee = i, wozu meer (mere), cleere (clear), yeere neben yeare, sheers; ea = fr. é, wozu compleat, spheare, Hl. $\bar{e}$ auch in reader; ei = fr. é. Für ei findet sich $\bar{i}$ nirgends vor 1700. Der Expert Orthographist 1704 (I. 129) scheint der erste. In den Gr. ist es meist später als für ea. — HM: b litera = bi, Ri. = be mit dem Zusatz: „so ought the English to pronounce e, not according to the Vulgar corrupt and effeominate way, as if e were a double e" ($\bar{i}$), zwar etwas „sachter" als im Hll, aber nicht wie bi — „want het is maer een boerachtige manier". Selbst me, he werden nicht als Ausnahmen genannt; hll. e auch in secret, even; ei, ey = hll. ee (S. 29); desgl. ea, wozu compleat; auch bei HM, wo aber neer für near. — Sl: e im Alphabet = i; ebenso in even, evening, evil, here; dagegen hll. ee in extreme, vortonig in Egyptian; ea ist wie bei HM. der Repräsentant des $\bar{e}$-Lautes, welche Stelle bei Ri. noch e vertritt; hll. ie nur in clear, dear, near, appear, to read; ee sogar in year, shear. — E P. ea = ê; î in chear, clear, dear, year. —

W: ĭ in he, here, these, even, metre, phlegm (fleem), Egypt (Egip), Esther or Hester (Eestur), Stephen (Steev'n); ē in equal. ae and oe sound like an English e (ĭ, ē? e?): (Aeneas), Aetna, Caesar, (Oeconomy), Mecaenas. ea: league leeg, dsgl. im Nachton cochineal cutchineel, guinea ginee. Cenchrea Kencrea. ei: neighbour nebur, Bleinheim N. P. Blenheme (ĭ, ē? e?). Dsgl. Aix-la-Chapelle E la Shappel (S. 29). Im Nachton: Guernsey Garnzee; money munnee. „Words that may be spell'd different Ways" sind chear choer, meer mere, neer near; compleat complete, extreme extream, sphere sphear, supream supreme; flea flay, demesne domeane, teize tease, skain skean, leisure leasure.

Fr. Gr.: Engl. e litera: i MF, é M₂, i M₃. — e vor Kons. + stummen c, z. B. serene, sphere, complete: é M₂, i M₃, é Bo. M₃ hat i durchaus, M F₁ noch ai in equal (Offelen: „e offen und stark"). — ea: M₂: é durchaus; M₃ é, aber fr. ié (Uebergangsstufe?) in besmear, blear-eyed, clear, dear, hear, near, shear, spears; Bo: é; i nur in dear, hear, near. M F₁: e = i in ear, earth; earth ist bei M F₂. Offelen und Rog. gestrichen. — ei nur é. — Pl: i, z. B. in hero, tedious, Caesar, each ist die normale Aussprache von l. e. u. ea; éo (ae) nur in pear, tear, wear. — Pe₂: Ueberall ĭ, auch für ei; für eo in people, feof, to infeof; aber e = āi (ĕ) in zèphyr, mèteor; oe = é masculin (e wie sonst? S. 44; ē?) in Oedipus, phoenix; dsgl. ae.

D. Gr: B. ĭ in compere breve Peter neben den bekannten wie eve, und für ea meist; l. e in beaten und für ei durchaus. Ha: i in conceive; ea ut e vel eh; interdum i, ut appear read. L₁: ih in be me und im Alphabet, in Peter senior serious tedious d. h. in offner Silbe, in here compere breve eve; sonst eh vor Kons. + c mutum, z. B. extreme; ivv k. in evil, evening. ea wie eh; ih in appear und 34 andern, von denen Ellis' Liste für den Schluss des Jh.'s (I. 86) beacon, bead, beagle, beaver, beasom, beat, beazar, cheap, clean, eaves, mean, repeat, sheats, squeal nicht verzeichnet. — ei wie eh. L: e durchaus ĭ, selbst ere ier, ne'er (never) nier, e'er (ever) ier; lat. legi liedschey; ih auch in Oedipus, phoenix, Caesar, praetor (G₁—₄: e, seit 1741 „auch l. i"), wie nur einmal these dhehs. ea ih; „ob schon ihrer viele in etlichen derselben ea wie l. e sprechen, als z. B. leap, so will ich doch den leser hier nicht damit beschweren"; ic auch in swear, wear, weary; tear „zerren" tehr, heat heht, flea fle; bear bichr, biär (vgl. M's ié). ei wie ih in neif, ceiling, to weild (nief); k. 1 in seignior; fast wie l. e, oder mit einem Mittelklang zwischen l. e und l. i in conceive: receive rihsehv, perceive persehv, seize siehs. ei bei G_1 diphthongisch (S. 31) oder G_2 „an einigen Orten wie l. i"; G_4 definitiv l. i. (KW) III e wie ih vor Kons. + e muto: crete, Mede, sphere; daneben scene ssehn, these thehs (Led dhihs), supreme schuprehm, ere ihr (Led. ehr); aber e'er (ever) ne'er (never) ehr, nehr. e l. in offener Silbe wie eh: cedar, fever, female, Steven (A_2 ich); aber abstemious abstihmius. Mittelklang zwischen i und e in Egypt, equal. — Bei Pe. dieselben Beispiele mit i überall. — ea gilt zur Bezeichnung für $\bar{e}$, e für $\bar{i}$: d. b litera e. bea, d. i engl. e. — eaten wie d. edel, Ehre ($\bar{e}$), während d. e in beten, Fehler = engl. e. a in balm ($\check{e}$, $\bar{e}$.). Led. urteilt über Königs Aussprache von ea: „Der Hr. M. Ludwick hat es in seinen Regeln ziemlich getroffen. Wie der Hr. König aber, den der Hr. Arnold auch gefolgt, als ein in London von vielen Jahren her etablirter Sprachmeister hierinn fehlen können, kann ich nicht begreifen." As: eh, e in immediate, scene, cohere, theory, meteor, these, equal; ih in appease, „absonderlich in dear, clear, etc. und pear"; read rehd, cease sschs; treatise treties. conceive mit ih, eight mit eh, wahrscheinlich nach Led., mit richtiger Verteilung.

Ebenfalls über $\dot{e}$ gegangen sind chair tzschier L. (auch G. neben äh), James Pl. djinz Wa. dschihms, Dane Dihn Wa. A_2, raisin rih'sn A_2, Formen, die fast alle in Amerika, dialektisch oder im „flunkey English" noch verkommen. Ferner: L. ih in feodary foodal (G. iu), W: monsieur mounseer. Hier ist der Wandel vielleicht anders aufzufassen. Der organische Uebergang von $\bar{e}$ zu $\bar{i}$ trifft zusammen mit einer Erscheinung, die Ellis als „tendency for thinness and meagreness of sound" charakterisiert, und die dem k., bes. dem unbetonten k. Laut reiche Zufuhr bringt. Die Tendenz zeigt sich schon 1621 bei Gill's mopseys (*dzhintlimin* für gentlewomen), und Smith hat 1568 schon $\dot{i}$ in yes yet. Besonders merkbar aber wird sie um die Wende des XVII. Jh.'s und es ist vielleicht nicht unberechtigt, ihr die folgenden Uebergänge des k. Lautes zuzuschreiben.

I. Accentuiert:
Betont hat sich i für o nur ganz selten, z. B. in pretty erhalten. In chemistry, clof u. ä. (Storm S. 110) ist e wieder herrschend geworden. Im XVIII. Jh. galt i in grösserem Umfang; dem XVI. Jh. schon kommt es für England English wie für women*) zu, die sich in den Gr. überall mit i finden. Im allgemeinen hat aber e seinen Laut bewahrt im Gegensatz zum tonlosen Vokal. Sl : i in devil, clever (tlifver), yos; zu El. 72 bringt T. noch devil (diffl), B. yes; L₁ i in yes, L. in yes, yesterday, yesternight, seven, seventy, devil, ever (Led., e), never, every, clever, die Stadt Sévil und der Fluss Sévern ; whosoever huhsivver ; ea „manchmal wie i in endeavour"; e dagegen in penny, together, prethee, yet (L₂ i), Léverpool = Lerpuhl. Zu G₁ (Ph. St.) kommt 1778 : pretty, Wednesday, yet, yesternight. A₂. ji,s div'l ([KW] III dihv'l), ivver ; envy invi. (KW) III : i in endless, Jemmy, pretty. M₂ wie 1688 (I. 48) i in (besom), hence, then, thence, when, whence, wofür e bei M₃. Pl: general d'jineral, wie onion inghion; Pe₃ : again ägulnn. against ägulnst. x litera meist ecks, i bei Wa , (KW) III wie im D. — In yes hat sich i bis jetzt gehalten. Wa: „Einige sprechen jess aus. selbst auf der Schaubühne ; allein die besten sprachkundigen Gelehrten sind für jiss" ; yesterday jisterde ; A₃ : jiss; yesterday mit e, einige sprechen i ; aber devil entschieden deww'l. — i für master bei L. und (KW) III neben mähster. — Den grössten Umfang hat i für betontes k. e bei AV: décanate dickänät, decorato dickoriät, deft difft, delegate dilligüt, deluge dilludsch, demon dimmon, deprecate dipprikät, deputy dippoti desperate disspirät, detriment dittriment, to get ghitt, jesuit dechissoit, edifice, iddifis , edify iddifey, educate iddokät, elegans illigäns, emblements imbilmonts , endless inndless (end end), endmost inndmost, energy innerdschi, engine inndschin, ensign innscin, to enter innter, entrails innträhls, dsgl. entrance, entry, equity ikwiti, aber ever evver, wie auch o unbetont häufig geblieben ist. Dazu prentice prinntis, querk kwirrk, quern kwirren, querry kwirri, quetch kwitsch, rebel

---

*) AV: woman = fwömmin oder fwimmen.

ribbel, recitative rissitätiv, recompense, recreant, redolent, redevable u. a.

II. Unaccentuiert:

1. Vorsilbe:

In believe, between schon bei Chaucer e und i. Dementsprechend im XVI. XVII. Jh. bei Ellis: i in be —, e in de — re — e — etc. HM: e in effect, escape, exact; Ri: überall e; dsgl. Sl. auch in beyond, behove, beguile. — T: e in believe wie in desire creation; L1: e; L: fast durchweg i, auch in petition Elisabeth; e erstens in Derivatis, wenn sie im Simplex betont und k. (folglich e) waren: speculation weil spéculate, reprobation weil réprobate; zweitens ausnahmsweise in descent, desert, retort, resent, recommend, reconcile. G: seit 1741 k. i in believe. Led: neben regelmässigem i Transskriptionen wie behaviour behähviur. (KW) III: „Mittelklang zwischen k. e und i in event, equality, celestial, behaviour". A2: i in between, e in desirous, revenge, prefer, reply. Bo: é masc. in re-engage; i bei Pl. und Pe; Wa: meist i, aber e „wenn das e von dem lat. Vorworte e, „aus" herkommt", i in embrace, equator, o in emission, erase u. 51 andern; o „ganz k." in melodious. — Besonders früh und allgemein zeigt sich i in der Vorsilbe em — en —. Hl: e and i are used indifferently in en(in) dure, endeavour, entrechange; W: ingage, inquire; T: i, dsgl. (K W) III, A2. Eine Ausnahme macht enough; zwar i bei Wallis, Price und T, aber e bei Podensteiner, Offelen, Sl, M, A2; W: ensign = insine, aber enough = anuff. In Fremdworten, Penelope, epitome meist e (L. i), dsgl. in dem fremden oe, ae: Ri e; Sl. e in oeconomy, Aeneas, aequator, aethereal; — M2 e; M2 i, Aeneas Inias, aber Aesculapius Esculepias; Bo: o simple; Pl. oeconomy iconomi, Pe2 i; — T. B. e; L. ih in occonomy (L2 k. i), k. i in aequator, aber k. e in lat. praemunire, wie in den betonten caelibate, quaestor; A2 i in oeconomy, wofür G4 noch e. — Proklitisch ist L.'s m'Lord (my Lord) melabrd; für the wird d. e, fr. é verlangt; M F1 sogar: wie a in pays, begayer oder e ouvert in bête, oder lat. e. L: dhe oder dh'; i bei E P., Pe1 u. 2. Heute i vor Vokalen, a (§ 10) vor Konsonanten. Länge (IV. 1166) findet sich nirgends.

2. Mittelsilbe:

W: apothecary potticary, frumenty furmitee, Okehamton Okkington; EP: genealogie dgeni —; Pe₂ i in erroneus, revenue, panegyrick. L: k. i oder o in atheist, vegetable, piety, rendevous, courteous, pigeon, illageate, complaisant complisänt (A₂ e); „zwischen zweyen per Crasin zusammengezogenen wörtern (§ 10) wird der apostrophus zuweilen mit einem überaus geschwinden i oder e ausgedrückt"; o bleibt in der Endung — ely — emy — ery: contumely, academy, magistery und ausnahmsweise in Benedict u. einigen andern; G₂ i in different; Led: to alleviate älliviät; (KW) III e in nauseate; A₂ e in erroneus; M: i in righteous.

3. Endsilbe:

1) a: Sl: language langwidsj, flaauwe E in courage (a?); T. e; L: „bald wie ein i" in cabago porrage carriage, e (a?) in message courage, ä in equipage; G₁—₃: i in marriage, G₄ ä; Led. i in saussage, ä in courage carriage; (KW) III meist ä, A₂ ä e. Pl. — edg, aber saucidge; Pe₂ ĕ (a) für — age, sonst meist ĭ. voyage: Pl. veydg vaïdg, W. voige, L. veidsch. — Sl. „flaauwe e" in private miracle; L. k. ä in orange furnace, e in vengeance; W: southwark suthrick (AV: sothrik ist vulgär); Pe₂ ribband rĭbbIn. 2) ain: Sl. en; T. fountain in, captain en; B. captain in, bargain en. L₁ en; L. k. i oder e, i in captain chamberlain, e in suddain villain; Bo. en mit e ouvert in certain, captain wie again. M₃, Pl. in; Pe₂ Inn. 3) ay L. im geschwinden Reden wie i, in sunday, monday, a fine day; L₂ k. ä; M e masc. — Am allgemeinsten erscheint i in der Umgebung eines palatalen Kons. oder nach k. vorhergehendem hellen betonten Vokal. Wa: language i, aber e in captain, Monday (wie says, also e), forrein. A₂: a in — age wird kaum hörbares i in Wörtern, die hauptsächlich in den Mund des gemeinen Volkes gekommen sind, ähnlich wie in master, James, Dane. — 4) ei: forreign zunächst wie rein: Ri. Sl. hll. ae, T. d. ei, B. ä; dann wie heifer: L. k. e in sovereign, forfeit, G. in forrein counterfeit (G₂ „wie i") abor ä in sovereign (bis 1778). A₂: e in forrein, i in surfeit. Schon Hl. schreibt forren, forrener. M: e fém. (a) in forfeit, foreign. 5) e: Sl. hll. e in wideness (e, a?); M: e fém.

(*a*) in acre, fire, hundred, summer, graces, trumpet, — less, — ness; Pl. e in knowledge (*e?*); L: e (*e, a?*) in prophet, prospect, knowledge, battle, gracefulness und in der Flexion; W. parfect parfet (wohl *e*; für *a* gilt engl. u.). i bes. häufig in linnen: linnin bei Podensteiner, Offelen, Ms; dsgl. Sl. kitchen > kitsjin. Nach L. bleibt *e* bes. in geschl. Silbe, aber auch in poeme, systeme, septieme und für — le — re ('l, el, 'r er). Vgl. Hl: „e after l having two Consonants before it, leaps before l and takes the half sound of i, as Epistle, Little." Schon bei Salesbury 1547 double dubĭl. — twopence, fivepence bei AV. und sonst: toppens, fippens: Bo: topins. 6) u: L. k. i in prepuce, „k. e, i oder was es sonst ist" in verule, venture, ferrule (*a*); minute „Minute" aber k. u; i in conduit, verjuice (-dschis), circuit; W: conduit eundet, verjuice vargess (*e?*). AV. rechnet zur „corruption Pronunciation vom gemeinen Volke im Lande" : actual äkschiäll, fortune fahrtschjin. — Vgl. dazu den Vokalismus unbetonter Silben in Teil II. § 10.

§. 6.

$\overline{o}u$, *au*, $\overline{u}w$ ($\overline{u}$).

I. Dem $\overline{o}u$ des modernen e. go, boat (der Diphthong, seit Smart 1838 anerkannt, jetzt allgemein in England geltend, besteht in der Regel aus „mittlerem *o* wie in d. Sonne" + unbetontem *u*: vor r = *d* § 3) entspricht für geschriebenes o, oa, oe im XVI. Jh. $\overline{o}$. (angels. *ā*) — regelmässige Länge zu dem damals noch nicht so *a*-haltigen o in God — das in der Zeit von 1550—1650 zu $\overline{o}$ wurde. Damit in Einklang stehen die Lautwerte der Gr: CH. o strong and clear; hll. oo, fr. o au eau, d. oh oo, portug. ô. Span. o bei Hl. ist allerdings offen. Altes $\overline{o}$. z. B. in home findet sich heute noch provinziell.

Der Diphthong ist ursprünglich nur in 2 Klassen von Worten berechtigt. Alt ist *u* in ou ow, die auf angels.

aw ow — soul know — zurückgehen (bis zum XVI. Jh. ō. u̯, dann ō' u̯); in der Zeit 1550—1650 aufgekommen ist es vor l — old soldier. Wenn man soul u. ä. mit zur zweiten Klasse rechnet, so findet sich in den Gr. für die erste Klasse von diphthongischer Aussprache kaum eine Spur: CH: owne wie oën in knowne owne sowne; ow wie o fr. in grow, bow (un arc). Für Ri. wäre der Diphthong denkbar: „engl. ou, ow luyden dickwils gelijck in' t Duytsch"; aber — „somtijts wat klaerder, en meer als een o gelijck uytgesproken" (hll. ou = ou̯; o. ou = ōu̯?) in: soul, snow, to sow, a bowe „een boogh", to know, a bowl „een schaal", though, to fowl, bestow, slow, to ow. Verdacht diphthongischer Aussprache wird desshalb rege, weil Ri. denselben Laut auch auf o in old, sold, cold, gold, soldier ausdehnt, die seit Salesbury um 1550 (l. 154) häufig als ou̯, ōu̯ auftreten. „By de Noortse Engelsche on Scotten" sollen nach Ri. selbst: gold, could, old, shoulder wie goud, coud, oud, shouder, genau wie hll. goudt, coudt, oudt selbst mit Auslassung von l gesprochen werden. Dagegen Sl: ow in know, sow, own wie hll oo (ō'), während w in follow, sorrow, window zum Unterschied „ein wenig" gehört wird. T.'s Transskriptionen know tnau, unknown ontnaun stehen ganz vereinzelt. L: durchaus oh; k. o in follow (§ 10). Pl: know neau, noo. — Die 1-Klasse hingegen wird häufig mit Diphthong gehört, wie noch heute im Irischen: CH: ou, ow wie fr. au in boule, bowle, soule, mould. Dies ist der einzige Fall, wo bei CH. für ōu̯ nicht fr. o als Entsprechung gegeben wird. Es liegt also nahe, au diphthongisch zu fassen. Sl: o wie hll ou in bold, bolt, cold, gold, roll (rowl); ou wie hll. ou in our, out, cloud, mouth, mould, souldier, shoulder (später: hll ou wie e. ou, ow in stout, now). L1: ou wie d. au in about . . souldier, shoulder; wie oh in boul, boulster, boult, coulter, mould, poultice, poultry; — ŏld ohld (bold); — ŏll ohl (roll); ŏlst ohlst (bolster); — ŏlt ohlt (bolt). L: ou = d. au in moulder, mouldy, shoulder, soul, to mould „schimmeln"; aber oh in mould „Giessmodell", to moult. „Etliche pronunciren ou in etlichen dieser wörter (als in souldier, soul) anderst, als ich sie gesetzt habe: Habe aber diejenige pronunciation gesetzt, die mir als die gebräuchlichste vorkömmt". o vor l durchaus oh. „Für soldier aber (L₂) differieren die Engländer selbst in der Aussprache von London". Auch sonst begegnet Monophthong. W: gold wie post ist besser als gould; E P: folk fôk; bei T. auch in shoulder, coulter. Pl: ou wie lat. au oder hll. ouw in cold, bolt, folded; derselbe Laut gilt für e. hour, cow. In Fällen diphthongischer Angabe wird überhaupt kein Unterschied zwischen au und $o\cdot u$ gemacht, das deshalb vielleicht $o\cdot u$ war. Nur CH. hat für den einen Laut fr. au, während — ow — owne = eu, euën. Fr. eu, über das CH. selbst sich nicht äussert, ist damit kaum gemeint; eu ist vielleicht der Versuch einer phonetischen Wiedergabe nach Analogie von ei für ai (§ 4).

II. au (besser $öu$ § 4. S. 48), aus altem monophthongischen $\bar{u}\cdot$ entstanden, war im XVI. Jh. ou. Die Gr. geben d. au (au, genauer ao), hll. ou ouw (XVI. Jh. ou, $o\cdot u$; nach Sl.'s Definition ou, nicht au, heute $áu$, ou), niemals aau ($áu$ § 3), lat. au, fr. aou oou (Pl.), port. áu (louse) óu (hour). Bei Pes ist au = âou ($áu$), während ai = äï ($ái$). L. unterscheidet wie sonst 2 Diphthongen, einen l. und einen k.; man kann überhaupt fast sagen, dass er die Regel von der Verkürzung monophthongischer und diphthongischer Längen*) vor Konsonanz, wenn auch nicht in der bestimmten Fassung wie heute, anticipiert: „auh (sonst au) etwas länger gedehnt in den verbis, sonderlich so sie sich mit einem weichen th, se, ze oder d endigen: Also auch in den pluralibus (houses) und adjectivis, darinnen ein weiches s ist". (KW) III hat gewöhnlich d. au, aber „mehr wie ou" in plough (entsprechend A V: drought drouht oder draht (d), sonst au). M F. Rog: in ou ow lautet „o presque comme a, et u w so prononcent séparément." Ill: Upon the u, o soundeth smart, as Round sound bound. Die Regel folgt unmittelbar, nachdem der Autor „o sharp" in coller von „o flat" in colour unterschieden hat, so dass heutiges d als erstes Glied des Diphthongs zu gelten hätte (vgl. Cooper 1685 I. 147). — Aus der Unfähigkeit, einen Diphthong $o\cdot u$ ($o\cdot u$) von au zu unterscheiden, erklärt sich vielleicht zum Teil der abweichende Gebrauch folgender Wörter: CH: frown mit euën wie brown. HM: frow — in froward wie hll. vrouw. Ri: to frowl wie soul. B:

---

*) Halbe Länge vor harter stimmloser, volle Länge vor weicher stimmhafter Konsonanz.

d. o. in frow, rowel, bowlin, blouze, prow, sourish. L: oh in frow, prow, prowl, prowess (au in mounsieur). (KW) III: ou = oh in vouchsafe, wofür au bei B. L; AV: oh in endow, endowment u. s. w. Der Unterschied zwischen bowl „globulus" mit au und bowl „poculum" mit $\bar{o}$ findet sich vielfach, auch bei L$_1$; bei G. erst 1778 geschwunden; L: oh in beiden Fällen oder oh au. Ebenso L$_1$; Pl. au in bow „bücken, Bückling", aber $\bar{o}$ in bow „Bogen". — Eine Regel bei MF. oun = on fr. in young, wound, round ist von T. — d. on — mit Hinzufügung von hound wörtlich wiederholt. Dazu die Transskriptionen: viscount (ess) veicont (ess); bounty bonté (B. baunte). Für M F. denkt man daran, dass Palsgrave 1530 und Hart 1569 (I. 149) engl. ou = $\bar{u}$ als Entsprechung des fr. nasalen? ŏ fassen. Also ou = $\bar{u}$? W. monsieur mounseer. Aehnlich Cotgrave 1611: o fr. vor m, n — mon on, aber auch comme commencement — wie engl. oo in moone. Noch CH: pomme, comment, donner — und broucher — sind zu sprechen wie poome, cooment, dooner, brooncher; ausgenommen die mit pro zusammengesetzten lat. Worte und Worte griechischen Ursprungs: comete, tome, dome, oeconome, bonace. Also fr. donuer, comme noch nasaliert? Dass. bei Bo. in M$_2$ — vgl. Hart 1569 (I. 148).

Die Schreibung ou, ow für heutiges au bezeichnet im Mittele. nicht, wie im Mittelhochdeutschen einen Diphthong. Bei Chaucer — überhaupt etwa seit Anfang des XIV. Jh.'s — gilt ou für $\bar{u}$, während u = $\check{u}$. Die Orthographie fällt mit ŏu in know zusammen. $\bar{u}$ für ou, ow haben nach Ellis noch Palsgrave 1530 u. Bullokar 1580 (vgl. die Einwürfe von Holthaus Anglia IV. 116). Höchst auffällig ist, dass auch Ri. bis nahezu ans Ende des XVII. Jh.'s dem Laut noch monophthongische Geltung zuschreibt. Die Stellen sind nicht gut anders zu verstehen. Etwas glaubwürdiger werden sie, wenn man berücksichtigt, dass Ri. die Aussprache Nordenglands vertritt, wo sich der Monophthong am längsten gehalten. „ou, ow luyden dickwils gelijck in' t Duytsch; somtijts wat duysterder (vgl. Wallis; P (Fschr.): ou „obscurius" in house, „clarius" in soul), en liever als de Duytsche oe ($\bar{u}$): als in hous, mous, to bow „buygen", a boul „oon bol ofte kloot", how, now, a lous, our, out, Owl, town, foul, a Sow, a Cow, would, could, ounce, a mountain, window, sorrow, to follow". „Maer dat yemant geleert heeft dat ou ofte ow soude als au (au) in' t Duytsch uytgesproken worden, als cau voor cow is een groot abuys." In der hll. Grammatik: oe in hoet, goet, bloet „like ow in English as how", d. h. e. ow wie e. oo. Ferner: „Millioon (hll.) is to be pronounced as Millioun (e.)". In einer Anzahl von Wörtern zeigt sich der Monophthong heute noch für ou. L: uh in accoutred, could, coup, gouge (dsgl. G_1 nur ub), rendevous, scoup, should, soup, southsaying, surtout, tambour, tour, troup, would, you, your, youth; M F: ou (fr.) in outrage. Sogar Po_2: count coūnt ($\overline{u}$), gegen cow câou. L. aber: au in pour (G_2: o, AV. oh und au), ousel, doucet, source, fought, cowcumber (cucumber; au auch bei W. Pl. Wa, volksetymologisch zu cow gezogen? Storm 102), enow (enough vor einem Plural; W: enuff a sufficient quantity, onow a sufficient number), to sown (swoon; fast überall als ssaun heute $swaun$, Waswuhn). M_3: aou in touch (nicht M_2). Hl. giebt den „Diphthong ou" (au?) auch für toung „Zunge".

III. Das $\overline{uw}$ des modernen E. (El. 40. I. a) ist nach Diphthongierung von mittele. $\overline{u}$ zum grössten Teil aus altem $\bar{o}$ hervorgegangen (aus $\bar{u}$ in rule, fruit § 7). „Der Laut setzt mit offenem oder mittlerem u ein, dessen Lippenrundung gegen das Ende zur Stellung des konsonantischen w verengt wird". Vor a fehlt der Reibelaut. Die Gr. geben hll. oe oew, d. uh, fr. ou l., d. h., wie noch Ellis, die rein monophthongische geschl. Länge. Wie $\bar{e}$ zu $\bar{i}$, so wurde bei der Entwicklung zum Neue. $\bar{o}$ zu $\bar{u}$. Seit Mitte des XVI. Jh.'s wird der zu $\bar{u}$ übergegangene Laut durch oo, der ursprünglich offene, $\bar{o}$ gebliebene ($\bar{o}u$) durch oa bezeichnet, entsprechend ee, ea; freilich nicht konsequent, s. door. o, am Wortende oe, gelten für beide Laute. Ebenso ou, das umgekehrt, z. B. in source course, aus altem $\bar{u}$ vielleicht unter dem Einfluss des folgenden r zu $\bar{o}$ $\bar{o}$, heute $\bar{a}$ wird. In den Gr. ist die Verteilung von $\bar{u}$ und $\bar{o}$ folgende:

1) auf o, oe:

CH: fr. ou in to, move, prove, behove, shoe, doe (to do?), entsprechend überall; o in grove, he move (Präterit.) wie he drove. Ri: hll. oe in shoe u. Plural shoen, doe; oo in toe, foo. Sl: hll. oe in Rome (dsgl. L_1; Bo; G_1—4; (KW) III; A_3), lose, do, tomb, womb, two (who?); doe (Hirschkuh?) wie shoe. L_1: uh in who, doe Vb., shoe, coe, woe; oh in doe; sonst wie Sl. L: oh in go und to (noch in Amerika), unto (AV. ontuh); uh in do, two, who und Kompositis (whom huom); oh in comb; uh in bomb, tomb, womb, gold (dsgl. A», nicht [KW] III); oh in whole, wholly, whore; uh in dome „Thum", domesday, Rome, to lose ([KW] III lohs); oh in croe, foe, roe, toe, moe, doe; uh in to doe, canoe, shoe, to coe, to woe (woo, coo); k. u in galloshoes; k. o in cuckoe, into (do. $G_1 - _4$). They do'nt duhnt, wo'nt wuhnt ([KW] III dohnt, wohnt); bosum boss'm (AV. bossom); together togheddher. — Aehnlich hatte Offelen d. o in whom (wie MF.). — T: whom hum; aber who hüo, two to; whore huor; oe klingt u auch in foe. G. oh in tomb bis 1753; erst G_4: l. u. A»: whole huhl; aber wholesome hohlsom, whore hohr. (AV: huhl, huhlsom, hohr) comb cohm und cuhm. W. bosum boozum; gold wie post; wie toe, foe noch sloe (dsgl. Bo.).

2) auf oo:

$\bar{o}$ in door bei Sl; bei CH. Hl. Ri. nichts; bei Pl. in door, floor, moor; dsgl. Led. (KW) III, A». L: uh in moor „Mohr", floor, wahrscheinlich auch door; nur poor puhr u. pohr. brooch (El. 48) ist nirgends erwähnt.

3) auf ou:

through: $\bar{o}$ G; $\bar{o}$ und $\bar{u}$ B. L. (o, u, uh; L_1 uh), W; $\bar{u}$ Sl. A»; T. throf. Ferner ouse: L. oh, heute $\bar{u}w$; coulter: $\bar{u}$ A» G; course: (Wallis $\bar{u}$) Pl. Sl. Bo. $\bar{o}$; source: $\bar{u}$ M. Sl.(L. au); court: P. (Fschr.) $\bar{u}$, Pl. $\bar{o}$; mourn: P. $\bar{u}$; scoundril: L. uh (neben n, o), T. oh; houp, rousselet: Bo. $\bar{o}$.

IV. Länge und Kürze:

$\bar{u} > u$ ($\bar{u}w > u$).

Die frühen fr. und hll. Gr. machen gewöhnlich für engl. oo ou ebenso wenig einen Längenunterschied wie für die als Entsprechung gegebenen fr. ou, hll. oe. CH: oo, ou einfach fr. ou in should, book wie in den andern. Aber Ri. verlangt k. u in book, wool, blond, während Sl. für good und stool, should und youth unterschiedslos hll. oe gibt. Er meint wahrscheinlich in allen Fällen Länge, weil er sonst zur Bezeichnung von u hochd. u verwendet (§ 8). MF_1 scheidet noch nicht, aber M_1 will „ou bref" in food, good, book, look, soot, forsooth. Pl: „ou fort bref" für ou in would, should, could, für oo vor k, d: wood, book. E P. chûld, wûld. In den d. Gr. l. u noch

in book look T. hook look crook L₁ L. brook (KW) III.
L: could cuhld, should schuhld, „im geschwinden Reden
schuhd, wuhd"; dsgl. Länge bei Led. A₂, Kürze bei B. (KW)
III. L₃. K. für Länge umgekehrt in behoof L, food (KW)
III. — sugar schûgar T; to k. bei L. tu, Pc₂ toŭ.
$\bar{o}$ (oμ) > o, u (ö):
1. o in other T; done CH ; one L: ohn wie ohnli neben
won wan; word L, MF₁—s, Rog. nicht Offelen; doll
Offelen; hover AV; scourge Sl, scoundril T, gournet L.
$\bar{u}$ ($\bar{u}w$) > o, u (ö):
1. u in: us T. ûs; scoundril L. uh neben u, o; enough
Sl. enoŭv (AV. inohf) neben enuf; nourish, rough, touch,
southern bei L. wo umgekehrt o˙ für Länge in tóward „gelernig"
tówardly, forehead, bosom, onely (AV. ónnli), und in
den Präteriten róde „ich ritt", smóte, wróte, shone, wote
ich wusste, ähnlich wie heute in Amerika o˙ manchmal für
stone, whole.

§. 7.

Der Laut des langen u.

Triphthongisches $j\bar{u}w$, nach r, l, dž, j, š bloss $\bar{u}w$, steht
für geschriebenes u, eu, ew; ue am Wortende (true) ui
(fruit), wie eau (beauty) ieu (lieu view) sind bloss graphische
Modifikationen. Seit Chaucer gilt für u der fr. Laut $\bar{u}$;
altes angels. $\bar{u}$ wird mit ou, ow (§ 6) bezeichnet, so dass
heute l. u in keinem sächsischen Wort mehr vorkommt. eu,
ew, wo es auf angels. eow, iw zurückgeht, klingt im XIV. Jh.
diphthongisch: e u, wie heute in italiänisch Europa; in Wörtern
fr. Ursprungs bedeutet es $\bar{u}$ (neufr. u). Später gehen beide
Klassen durcheinander; im XVI. Jh. findet Ellis $\bar{u}$ auch für
knew, new, trew (so noch Ill, heute true); aber es werden
noch beide Laute gehört. Im XVII. Jh. geht $\bar{u}$, Ende des
XVII. und Anfang des XVIII. eu e$\bar{u}$ zu i$\bar{u}$, j$\bar{u}$ über. In wenig
Fällen z. B. shew (jetzt meist show) wird e$\bar{u}$ zu $\bar{o}\mu$. Dialek-

tisch hat sich $\bar{u}$ in Schottland, im Westen und Osten von England gehalten.
CII: Fr. u wie e. ew in crew, pew, Jew, „or in a whistling tone" (aus Cotgrave 1611, I. 169) wie e. flute, mute. crew, jew sind nach Ellis im XVI. Jh. monophthongisch; also $\bar{u}$? u vor -re wie fr. uër in pure, lure, sure, endure. Hl: U never endeth any word in English for the nakedness of it, but cloaths herself with a Dipthong, and at other times hath e to follow her, as new, knew, blue, true; d. h. zwischen l. u, ue und new, knew (beide auch bei Wallis 1653 monophthongisch) existiert ein bloss graphischer Unterschied — $\bar{u}$? Daneben scheinen beide einen diphthongischen Laut zu kennen (CII. für u, Hl. für ew), den sie vielleicht, was den damaligen Grammatikern, und den Engländern noch heute in der Aussprache des fr. u nicht selten begegnet, von $\bar{u}$ nicht immer zu unterscheiden vermögen: CH: u devant une simple consonne est prononcé communément iu (fr., also $i\bar{u}$); das einzige Beispiel ist sugar, dessen u jedenfalls lang war. III: The English pronounce oftentimes u like the French, in a whistling manner, which sound is quite differing from the Spaniard and Italian, who prolate it in a manner like oo, as uno span. = oono. But the English and French pronounce u as if it were the Dipthong ew, as Cocu (fr.) a Cuckold is pronounced Cokew, Cubit (c.) Kewbit. Dies alles würde der Annahme $\bar{u}$ nicht widersprechen, wenn nicht derselbe Autor später als einzige Beispiele für den e. Diphthong die Wörter dew few anführte, die nach Ellis immer diphthongisch als eu, iu, nie als $\bar{u}$ vorkommen. — HM: e. u litera = yu ($j\bar{u}$), w = dubbel yu; aber q = ku ($\bar{u}$), wie umgekehrt hll. q == e. qu, oder cu in curious, cubit. Für hll. u wird fr., nicht e. u als Entsprechung gegeben. Dies ergäbe Diphthong im Anlaut, Monophthong nach Konsonanz in derselben Silbe. — Ri: engl. u. w = yu, dobbel yu, q = ku, wie hll. q = e. ku; vgl. HM. Dazu stimmt die Bemerkung: u (hll. im Alphabet) differs very little, q differs nothing from the English. u en w worden wat grover uytgesproken als by de Nederduytsche. use Subst. uus, Vb. Yuwz. eu, ew fallen nicht mit einfachem u zusammen; in eunuch, feud, brew, few, knew, d. h. für Monophthongen und Diphthongen gilt hll. icuw in nieuw, dsgl. in lieutenant, adieu,

view, jewel. Für hll. ieu wird d. iö als Entsprechung gegeben — $i\bar{æ}$, $j\bar{æ}$? Verwechslung zwischen $j\bar{æ}$ und $j\bar{u}$ ist denkbar. Mauger in der fr.-hll. Gr. giebt für deuil hll. ue ($\bar{u}$); MF₁: ou, oeu, ueu in bleu, boeuf, soeur, gueux have a very confused sound, something like *u*, or as *eu* ($\bar{u}$?) in English: deuil dulie, yeux yu „e is not heard"*) — ui is meest do u gelijck, als in fruit, to recruit, suit, juice; ue in't eynde van een woort wort alleenlijck als u uytgesproken in true, due, pursue. Eine andere Bemerkung: true duo lees trew dew würde trotz der ersten Angabe für die Existenz eines monophthongischen ew sprechen. — Sl: e. u = hll. joew, w = dobbeljoew ($j\bar{u}$), aber q = kuuw ($\bar{u}$) wie bei Ri. und HM. Sogar hll. u litera = e. uw (fr. u), q = e. kuw (fr. kuw), wo das w nach hll. Muster bloss zur Bezeichnung der Länge dient. In den Transskriptionen immer hll. uu, uuw; use uus, einmal juus ($j\bar{u}$), usual uzual; chuse (auch sonst mit u, nicht oo geschrieben) einmal tsjuus neben tsjoes; ue, ui wie u, nur juice dsjuys (zu L.'s bruit briuit gegen brute briut?). eu, ew wie u; new nuuw, wie die sonst diphthongischen (*eu* nach Ellis) few fúuw, beauty buuwti; $\bar{u}$ durchaus für eu, ew findet sich sonst nirgends (view einmal = hll. vieuw). shew (show) sogar sjuuw. lieutenant liftenant, eunuch efnuk (L. L₂: liftenuänt, evnuk; Pl. leftennant aber iouneuk, joewnuk; W: unuke, liftenant; auch Ellis scheint efnuk nicht zu kennen). MF: u am Wortanfang: MF₁ „comme en fr." ($\bar{u}$), Offelen wie auf Teutsch ($\bar{u}$), MF₂ u. ₃ Rog: iou fr. ($\bar{iu}$); u vor Kons. $+$ stummem e: MF₁ „comme en fr.", Offelen wie Teutsch u mit 2 Strichlein, MF₂ u. ₃ Rog iou; ue in blue, true: MF₁ u long, Offelen u lang, MF₂ u. ₃ Rog -iu long. Dsgl. MF₂ u. ₃ Rog: iu in fruit = iu fr.

Schon MF₁: „ew se prononce comme iu (Offelen d. iu) séparément" in blew, dew, jew. So auch M₁ u. ₂: u durchaus fr. u (obwohl im Alphabet überall, seit MF₁ schon u = you, k = kiou). — eu, ew (M₁): fr. u in Europe, neuter, feud, lieu, adieu, Eucharist, pleurisy, rheum, dew, eschew, view, hew, stew, lewd, pewter, Steward, Brewer; fr. iu ($\bar{iu}$) in few,

---

*) Oder fr. eu = $\bar{u}$, was nach Beza 1584 in der Picardie galt.

new, blew, jew. M₂: u durchaus für eu, iu durchaus für ew, auch für dew bis brewer. — M₂ shoe = chiou.

Ein Uebergangslaut iü jü scheint also dem Zeugniss der Niederländer und Fr. nach wirklich bestanden zu haben. Dies bestätigt vollkommen das, was Ellis I. 237 theoretisch entwickelt: „In English the change of $\bar{u}$ has been into $i\bar{u}$, that is, the lips were not rounded at the beginning of the sound, but were rounded at the end of the sound, producing first $i\bar{u}$, and after wards $i\bar{u}u$, $i\bar{u}$". Auch zu den Angaben von Smith (I. 166) passt vielleicht $j\bar{u}$ besser.

ü hält sich in den fr. Gr. am längsten, wie es ja überhaupt den Fr. am schwersten fällt, den Unterschied ihres u von dem e. richtig zu hören. Bei den D. findet es sich z. B. bei T. (s. Fschr. 13) noch in fruit, bruice, suit, cornute, acute (revenue, vertue, impostume, volume; die beiden letzten auch mit u transkribiert). Für eu, ew ist der diphthongische Laut ($i\bar{u}$, $i\bar{u}$) eher angegeben als für u. Ein Diphthong eu findet sich nirgends; innerhalb der mit eu, ew geschriebenen Worte scheidet überhaupt bloss M. zwischen Monophthong und Diphthong und zwar nicht in der Verteilung, die den Ergebnissen von Ellis entspricht. Später sind sämtliche Diphthonge und Digrapha mit u zusammengefallen: W: überall $j\bar{u}$: you, owe = u; lieu = lu, beauty = buty (nur cuirassier kirasseer, uvula evelo); EP: port. iú.
— $\bar{o}$ ($\bar{o}y$) bei MF₁: shew sho, M₁ ₂ shrewd cherode, shew chô und chiu ($i\ddot{u}$), chew tschô tschû ($\bar{u}$). L: oh in shrewd, shew, to chew, to sew, to strew, Shrewsbury, sewer „Kanal" schohr (Pl: cheaur, sjoor); ferner in fr. Wörtern: Beau (W. bo), Beaumont, Beaufort. Pe₂: shrewd chröde, to shew chiou und chó, aber to mew „miauler" miâou (au); beau bō, aber flambeau flammbäi ($d\check{i}$?, $a\check{i}$ ist bei ihm âi).

Das zweite Element des Diphthongs weist überall, wo nicht mehr $\bar{u}$, dieselben Angaben wie blosses $\bar{u}w$ auf (§ 6). L. unterscheidet auch hier Länge und K; hew (Verbum) hiuh, heu (Subst.) hiu; aber auch dew Tau diuh gegen due schuldig diu. Mit der Frage über den Wert des Vorschlags beschäftigt sich L. Nach Ellis gilt heute $j\bar{u}$ im Silbenanlaut, $i\bar{u}$ (offenes i) nach Konsonanz. Victor hat überall j, das nach Stimmlosen in den stimmlosen Reibelaut übergeht: $pçu^a$

für *pjūa*. Harte Spiranz zeigt sich natürlich in den Gr. nirgends, weiche Spiranz gleich im Anfang des XVIII. Jh., während sie für geschriebenes i z. B. in der Endung — ian — ial erst später auftritt (§ 10). L₁ unterscheidet wie Ellis zwischen *ju* im Wortanfang und *iu*. L: „iuh in einem klange, so dass i nicht sonderlich gehört wird, etliche sprechen im wortanfang jiuh in einem klange." Ebenso für eu, ew. Trotzdem: you ju, ewe iuh, yew jiuh; your jur, ewer iuhr und jiuhr. In dem ursprünglichen Diphthong ew scheint das *i* doch noch mehr vokalische Geltung zu haben. Vgl. MF₁ 2: engl. c = e masc. au commencement des mots: ew, ewer, Europe, wie eve, wonach Offelens Angabe. Die Fr. haben im Alphabet meist you (Anlaut) kiou (nach Kons.) (Rog: fr. q = e. kuu, u = Uu). Bei Pl. in jeder Stellung hll. jouw, fr. iou. Auch konsonantisches y wird oft mit fr. i transskribiert: yifter iiftre, daneben y („comme dans joyeux"). — In unbetonter Vorsilbe wird L.'s iuh — iu, jiuh — ju; sonst geht bes. in der Mittel- und Endsilbe der Vorschlag ganz verloren, ursprünglich 1. u wird als u, als o (wie der k. Laut in but) oder als c (a) gegeben § 10. — In betonter Silbe lässt Victor heute den Vorschlag nach r = *r*, l = *l*, j = *dž*, y = *j*, s = *š*, oft auch nach s = *s*, für eu, ew noch nach ch (chew) verloren gehen. Nach ch = *tš* soll er schon im XVII., nach r = *r* im Anfang, nach l = *l*, j = *dž*, sowie in sure im Laufe dieses Jh.'s, nach s = *s* (assume) erst ganz neuerdings verschwinden. Dazu stimmen die Angaben der Gr. nicht ganz; eine Unterscheidung zwischen *ū* und *iū* ist früher und allgemeiner: L₁ u in truant, fluent, fruit, gratuity, assure (*š*) dissolution. Nach t sonst iuh: tune. B. u in blue, lute, due, spue, true. Ha. wie Podensteiner nur iu. L. durchaus iuh; uh nur für ew in grewel, brewer, steward (L₂) (nephow, sinew), für u nach s = d. sch in sure, assume, suit, aber bruit briut, blue blew bliu bliuh. Dagegen wendet sich Lod. Er findet, dass „alle Autores wegen der Pronunciation des l. u gar gröblich geirrt haben", denn u habe in vielen Worten die „aufrichtige Aussprache" von d. u, fr. ou. Bes. L. habe „in dem Membro über l. u mehr als 60 falsche Exempeln" gegeben. Led.'s eigene Regel: iuh nach b, c, f, g, h, j (!), m, p, s (aber su sub) und uh nach d, l, n, r,

t. Dagegen macht L₂ geltend, dass die Aussprache als d. ub irregulär sei und, obwohl er sie selbst gelegentlich brauche, vermieden werden müsse. Er spricht sogar iuh in lawsuit, suitable. G₁: iu nach r, wie in juice, suit; G₂: l. u in conclude, minute, seduce, brute, obtrude, rude. (KW) III: juh in fruit, ruin; uh in truth, dubious; „e. ui u nach j = dsch und s = sch wie d. uh." A₂: u in july wie Offelen in june; aber iuh in june, juice, suit (mit s nicht š); uh in duke, fluid, brute, tuesday (s. Led.), aber auch in fuel, purity, re — union; iuh in fruit. Wa. endlich beschränkt uh auf l. Vokal nach vorangehendem r, wie Ellis noch heute. — Fr. und !!. kommen natürlich nur so weit in Frage, als ihnen der Laut nicht mehr als *ū* erscheint. M. und MF. kennen neben fr. u, nur iu und iou. Pl: ou statt iou in prune, tune, fruit, juice, due, rue, sue, suit (mit s, š aber in surety, assurance), tuesday, jew (= joew you, wie youth). Pe₂, sich halb an (KW) III. halb an Led. haltend, schreibt vor: u, eu, ew etc. = ou nach d, t, l, r, s, j; = iou nach b, c, f, g, h, m, n, p.

§. 8.

u in but (*a*, *ö*).

a ist die dem a in father, hard (§ 2) entsprechende K., die sonst der Sprache fehlt. Es wird aber nicht wie dieses oder wie italienisch, fr. *a* in matto, patte mit Ausdehnung des weichen Gaumens und Erweiterung der hinteren Mundhöble gesprochen. Nach Bell und Sweet hintere Zungenartikulation, mittlere Zungenhöhe. Im nichtloudonischen E. wird es meist durch *ö* ersetzt. *ö* — nicht wie d. ö oder oder wie *u*, aus dem es hervorgegangen ist, mit gerundeten Lippen gebildet (I. 163 : Roughly we may say, that *ö* is *u*˙ deprived of its labial character) — ist gemischt, d. h. bei der Artikulation findet eine doppelte, hintere und vordere, gutturale und palatale Zungenhebung statt. Auch in London hört man ō vor r *a*, sowohl für u, o, oo, ou, als für die ursprünglich palatalen e, i, y, ea. Infolge der Vokalisierung von r tritt Länge ein. Hierher auch colonel, nach W. = curnel. Geschriebenes u bezeichnet altes, wahrscheinlich immer offenes *u*, das sich seit XVII. Jh. (Wallis 1653) zu ö entwickelt, in einigen Worten aber *u* geblieben ist. Dasselbe Schicksal hatte o, das seit dem Mittelc. wahrscheinlich einfach für *u* steht. Ein o·, wie es ja überhaupt in der ganzen Sprache kaum existiert hat, gab es zu Chaucers Zeit jedenfalls nicht; o bezeichnet o o. ($\overset{\circ}{a}$ § 3), oder — in wenig Worten — *u*. Ein Interregnum von o· ist trotz der Schreibung in letzterem Falle kaum anzunehmen, da sowohl im angels. wie im XVI. Jh. *u* dafür sicher ist. Nach w, vor v, m, n erlaubten sich vermutlich die Schreiber der Uebergangszeit die graphische Abänderung, weil die u-Striche leicht mit w, m, n, v zu verwechseln waren. Ellis bemerkt über Chaucer: „The fact is that short (*u*) is comparatively rarely represented by u, perhaps among other reasons, because short u was frequently called (*i*) or (*e*), as in our modern words busy, bury" (S. 47). In andern Fällen ist o = ö aus alter Länge $\bar{o}$·, früher $\bar{o}$ hervorgegangen (other, one, none), vielleicht sogar aus o. (ā heute)? wodurch sich die häufige Verwechslung beider Laute in den Gr. (bes. A V.) erklären würde. Fürs XVI. Jh. wenigstens nimmt Ellis I. 98 die Möglichkeit an, dass vielleicht in einigen Wörtern o. mit *u* (ö) zusammen gegolten hat. — ou wird bei Chaucer nach fr. Muster zur Bezeichnung von *u* verwandt (u = $\bar{u}$). selten für *u*; in den meisten Fällen tritt Kürzung erst bis zum XVII. Jh. ein. Dann dieselbe Entwicklung wie u; dsgl. oo, das auch ursprünglich, wie oo seit Mitte des XVI. Jh.'s allgemein, für $\bar{u}$ steht (blood, flood noch so bei Smith 1568). Im übrigen (good, look) gilt die Regel I. 176: „In general old Saxon $\bar{o}$, which first became *u*, and then fell into u or *u*., has resisted the further change into ö·".

In den Gr. scheint für die gutturalen Vokale zunächst noch *u* zu gelten:

CH: u vor 2 Kons., oder einem ohne folgendes stummes e wie ou „mais fort court" z. B. bud, luck, sunne. Hl. bemerkt nichts über k. u; er will also wohl die span. Aussprache; *u* würde bestätigt durch die Regeln: „o is sometimes sharp in Coller, crosse (d), sometimes flat in colour, cosen „primo", mother, taking thereby the half sound of u"; „o before w at the end of words, loseth her strenght and becomes an u: hollow hollu, tallow tallu" (§ 10). o in grove, Jove wird „offen" genannt und ihm als geschlossener Laut das o in dove, glove gegenübergestellt. Wenn heutiges ō *u* damals schon ō· (§ 6) war, kann ein noch geschlossenerer Laut kaum etwas anderes als *u* sein (offnes *u*.?). Bei beiden wird, um die Orthographie mit der Aussprache in Einklang zu bringen, ou, o gelegentlich als u geschrieben: cuntry, number. HM: Für engl. u, ou wird der Laut des hll. oe in Moeder gegeben, also unzweifelhaft *u*; double dubbel. Ri: Nichts bestimmtes über u, o. „ou is somtyts slechts als u: trouble, you, double, touch, bloud, gracious leest trubbel, yu, dubbel". Aber der Lautwert des hll. k. u — heute dem e. verwandt (IV. 1292) — steht für Ri. nicht fest. Neben u wird auch hll. o als Entsprechung gegeben. Am wahrscheinlichsten ist auch hier *u*. Ri. hat dieselben Angaben für you und trouble — in den Listen für bull und sun, wolf und son — stellt hll. bloet mit e. blood zusammen und verlangt neben hll. oe für fool, stool „een sachte u" für good, wood, wool. Eine Bestätigung liegt ausserdem in dem Umstand, dass Ri. die Aussprache Nordenglands vertritt, wo *u* sich am längsten hält (I. 175).

Später überwiegt o (o·?); daneben hält sich u, bes. für geschriebenes ou am längsten, in grösserem Umfang als heute. Der Laut o· existiert im heutigen E. nicht; er wird dialektisch und in Amerika für k. und l. o, z. B. whole, stone gehört: Sl. giebt 4 Laute, hll. u, hochdeutsch u, hll. „doffe o" und hll. „harde o". Ein Unterschied zwischen hll. u, hd. u steht jetzt also fest. ll. doffe (geschl.) o: für u in humble under, burst? wurst? sum? wun? bunt? must? dumb?; für o in come, some, honey, money, beyond; für ou in bloud, floud, trouble, doublet, young. Hll. harde (offen) o (ó § 3): nicht für u; für o in love, glove, dove, above, borough, thorough, done; für ou in courage, flourish, nourish, rough, cough (d). Hll. u: für u in dull, run, sculk, scurf, dusty, scuttle, justice, judge, grudge, occur, (August), sepulchre, shun, shut, corruption, surgeon, just, jump; nicht für o; für ou in country, courtesy, journey, young (neighbour, vicious), houswife (hussif). Hd. u in rough, tough, enough (einmal enoev l.) u. wool, blood, good.

Die d. Gr. schwanken zwischen o und u; gelegentlich richtet man sich nach der e. Orthographie. As z. B. giebt — ähnlich auch B. — konsequent geschriebenes o durch o, u durch u, ou teils durch o teils durch u wieder.[1]) (KW) III: o für ou; u nur — wie T. — in bloud, floud. G. hat 1778 noch d. u in dozen, wonder, wolf, work, woman, honey u. ä. D. o wird nicht selten ohne Unterschied für d und ö geschrieben; bei P. und T. z. B. für enough wie für cough (Sl.), dsgl. bei Led. IV. 1043. L. kennt für manche Worte beide Laute: one won u. wann; gone gon u. gan; (G. nur wan u. wans (once). Wa: uwoan; Ms: ouon und gann, aber wort ouart). Nach L. o (ö) auch in bonefire, bonegrace, poreblind. Den Worten, die mit d. o klingen, wird gleiche Qualität — gelegentlich mit Längenunterschied — gegeben wie denen mit heutigen $\bar{o}\mathcal{u}$. T: soldier, course wie country, young Ähnlich bei den Fr., z. B. Bo: smoak wie love; adjourn K. zu moulter. Ebenso wird u als K. zu heutigem $\bar{u}w$ gefasst: L. rough ruff, entspricht roof ruhf. Wo einmal u angegeben ist, wird der Laut von heutigem u. nirgends geschieden. Dasselbe u bei B. L1 für book und blood, bei L. für double, rough und you, good. L1 giebt noch fast ausschliesslich u; o nur für o und in wenig Beispielen für ou. L. hat wie die meisten gleichzeitigen und späteren Gr. als normalen Laut k. o, welches da, wo es für u gegeben wird, als dunkel, als Mittelklang zwischen o und u bezeichnet wird. Geschl. o auch in unaccentuierter Silbe (§ 10). K. u hört L:

1) für o in concy, dozen, Cologn (cullen), woman (wummän; dost „du thust" dust, doth dudh; worsted (wusted, wolf; aber o in wonder (L1 : u).

2) für oo in book, look etc.; k. o in blood, flood (L1 : u).

---

[1]) A V: für u gilt u, o (o bes. wenn unbetont), für ou meist o, für o neben o nicht selten a: once wonns, one wann, other odth'r, otherwhere adth'rwher, wie umgekehrt o für $\bar{a}$ (S. 39).

3) für ou in attourney, couple, courtezan, cousen, cousin, double, redouble, doublet, douzen (L1 : k. o), enough, housewife (hussif), journey, journal, mournival, nourish, nourse, rough, roundlet, scoundril (L1 : k. o), scourge, soultry, souple, southern, southerly, Southwrack (Sudhric), touch, trouble, young; L1 noch courtesy, tough; L2 courage.

4) für u in puss, bull, pull, us (faculty difficult). — Bei L2 gilt mit wenig Ausnahmen u für ou, o für u, o. EP: enough enóff; church tchurtsch.

œ (d. ö, fr. eu), das dem Klange nach engl. ö am nächsten stehen würde, so sehr es sich in der Artikulation unterscheidet, wird von den Gr. erst spät als Entsprechung gegeben: Led. hat d. ö, genauer Mittelklang zwischen d. ö und fr. e fém. (§ 10) der Regel nach für e und i — für die ursprünglich Palatalen steht es fast überall zuerst — in den Transskriptionen auch für ea, u: church tschörtsch, curtail körtil, obwohl u eigentlich wie dunkles o zu klingen hat, und obwohl gerade Led. dem Engländer Brightland gegenüber die lautliche Identität zwischen u in but und i, e vor r bestreitet. Sonst wird u meist durch o, o durch u wiedergegeben.

Wa. hat d. ö fast überall eingeführt mit der Einschränkung, dass eigentlich kein Zeichen einer fremden Sprache den Laut genau wiederzugeben vermöge; in glove, done, gone, come indessen gilt: „k. hellklingendes 'o" in enough, young einfach d. o. — Vereinzelt findet sich œ am frühesten bei den Fr. Fr. e fém, das Wallis und nach ihm Greenwood (Ph. St.) heranzieht, wird für den betonten Laut kaum verwandt: M: eu in us, faculty, difficult. Pl. hat 2 verschiedene Angaben. In den meisten Fällen ist das o seiner Vorgänger, das selbst Pe1 u. 2 noch überall hat. durch fr. eu ersetzt; nur für geschriebenes o ist das alte o geblieben. In den hll. Transskriptionen entspricht dem fr. eu ein hll. u oder o, dem fr. o meist u. œ haben die Hll. nicht, ihr eu ist l. In awful aful fr. uful hll., courage fr. curredg, couple cupple ist jedenfalls der hll. u-Laut auf die fr. Transskription mit ausgedehnt worden; an ü ist kaum zu denken. u wie eu der Regel nach vor b, r, l, t, in den Transskriptionen auch vor n (hundred heundrd), p (nuptial neupchel nupsjal), s (custom keustom); für o in twopence teuppens; für ou in young (yeun, yong), gegen double dob'l, dubbel. Nach Ellis kommt übrigens der gemischte Laut schon seit Wallis 1653 vor.

a findet sich ganz selten und wohl nur für die Palatalvokale angegeben, die dann vielfach mit heutigem ā in heart zusammengeworfen werden. Von einer Anticipation der heutigen a-Färbung kann keine Rede sein, ebenso wenig wie von einer den heutigen Verhältnissen entsprechenden Scheidung vor r. Aber neben den 3 ersten, die Entwicklung des Lautes im ganzen charakterisierenden Hauptangaben u o˙ œ stehen andere, die sich nur auf einzelne Worte beziehen, z. B. findet sich ein ü (i) Laut, entsprechend P.'s tschürtsch (Fsch. 13—15): CH: ove = uf (fr., also ü) in love, dove, above; vgl. auch — ble, — dle, — cle in bible, circle = bul, dul, cul (§ 10). Podensteiner dungeon dünschien. T: subtil sübtil; ebenso ü in cut, justice, dungeon. — L: d. i in surname (G ü; E P. i; A V. sorrnähm), scummer (do. Cooper, „barbare"; M; W. skimmer). — Bo: fr. u in surprise; Pl. onion inghion, hll. ingjon (Ms ûgnonn). surtout bei Pe₂: sourtout (fr.). Daneben: L: u wie d. e in churn, hurricane (Price), pursue. Hierher gehören auch die Angaben für busy: T. ü; L. i und ü; W i; Bo: e fém., Wa. „Mittelklang zwischen i u. u" — und bury: L. e; G₁ (KW) III ü: W. i k.; A₂ ö; Bo. e. Im mcgl. schon wird u als Bezeichnung für i, e (ü [y] angels.) gebraucht. Die Orthogr. hat sich in diesen 2 Worten erhalten (S. 47).

Heute steht dem ö in sämmtlichen Fällen ein u-Laut zur Seite: but, work verhalten sich zu pull, woman, wie rough, blood zu would, good. Für u ist wie für i die K. stets offen (meist auch im d.); u˙ (fr.) existiert ausser im Schottischen nicht. In den ältern Gr. wird eine Scheidung zwischen den beiden Lauten nicht gemacht; in den späteren entspricht die Verteilung von u und o heutigem Gebrauche fast nirgends.

Einer der ersten, vgl. aber I. 177, der für u beide Laute kennt, scheint M. (I. 182; Ph. St. 78). Von ihm stammt die Angabe bei T. (Fschr. 13), die L. ohne Ändrung übernimmt. Bei L. ist u noch o in sugar, full — wahrscheinlich auch pudding und den übrigen — wogegen u = u neben pull etc. auch in us (T. ûs), (difficult, faculty). Sl. hat für pull etc. nichts besonderes; W. nur cushion cooshen, cuckow coocou und Pl. cushion couchin, coesjen..

Erst Led. trennt beide Laute in weiterem Umfang (IV. 1043). Seiner Liste fügt (KW) III push put, aber auch upon hinzu. Bei Wa. nahezu wie heute (El. 41). Aehnlich für o. B. G₁—₄ sprechen wonder und work, L₁ (KW) III A? wonder wie woman und wolf. L. scheidet zwar beide, aber Led. hat wieder: o = dunkles u in wonder, word, wolf, woman. AV. worsted worrsted, wolf wollf, woman wommen (W: Worcester Wuster), wie ambusch ämmbosch, huzza hossäh. — Heute kommt ö im Irischen auch für pull pudding, für could should u. ä. vor; für woman, wolf begegnet es sonst zuweilen (IV. 1092). Da nach Ellis die Irischen „mispronunciations" als fossile Ueberreste der im XVII. Jh. gebräuchlichen Aussprache aufzufassen sind, hätte man zunächst einen Uebergang sämmtlicher k. u zu o˙? ö anzunehmen. Die u-Laute wären dann nach und nach aus der Mitte und dem Norden, wo sie auch heute noch in grösserem Umfange herrschen, in's „received English" wieder eingedrungen. Dies erklärt ihre allmähliche Zunahme in den Gr.

Länge u. K: L: dunkles o wie in study auch in funeral, tumult, pumice, crucible. AV: funneräl, pommis, krussib'l, aber tuhmolt; excommúnicate ekskommonnikiit; únion junnion statt juh. Dsgl. L: o in fuseo, supreme, vgl. die Endungen.

Für die ursprünglichen Palatalvokale wird nicht selten der alte Lautwert gegeben: oa, e = e, i = i. e, ea erscheinen vielfach bes. offen, ohne aber von anderm e konsequent geschieden zu sein. Die Angaben e, ä werden auch auf i erstreckt. ea ist manchmal l., bei Ri. wie great, bei den D: äh, öh, und wird vom heutigen d erst spät auseinandergehalten. Die auf den gemischten Laut hinweisenden Angaben, d. ö, fr. eu finden sich früher und allgemeiner für die palatalen als für die gutturalen Vokale.

Sl: é hll. („stercke e" offen, § 4) in deter, refer etc., earth. Das gewöhnliche (geschl.) e in bread auch in certain und einmal earth; „doffe ɥ" in sir, stir, dirt, first, third, bird, shirt; e („flaauwe e"? geschl. § 4) in girl, vertue; i in firmament. L₁: k. e in dearth, earl, early, earn, earnest, earth, fearn, hearse, rehearse, searce, wie in bread, aber auch hearth; k. ä in hearken, learn, heart; äh in search, beard, seargo; ir wie er in Sir, first. L: k. d. e in sterling, serve, aver, deter; ea, wenn ein r folgt, „zuweilen wie ü", sowohl in dearth, earl, learn — search, beard, als in heart, hearken, hearth; searge sersch; ir = err in sir, stir, first, auch miracle; ä in sirrah; i in confirm und myrrh; carnal cärnäl, kernel kernel; person perschn, parson pärschn;*) (AV. perrschon, parrschon, kürnäl, kernel); fur forr, fir fer (AV. furr, förr); frumenty fermiti oder formiti (AV. furrmeti). Led. verlangt ausser der Hauptregel für e einen „Mittelklang zwischen e und ü" ; ä in vertue, merchandise, earn, earth, learn wie in heart, hearth, hearken; i in myrrh. (KW) III : k. e in earl, fearn, hearse, pearl (äh in heart, earnest, learning); „Mittelklang zwischen e und i" für e, i vor r. A₂: sergeant serdschent (AV. serrdschent), rehearsal rehersel (AV. ribörsäl); ea + r wie ä: earn ärn wie heart härt; e am Ende vor r ist scharf in aver äver (äverr); i in dirty, girl. AV. hat örr für earl, early, dirt, girl, girdle, first, fir; arr für serve, service, serge, dearth, earn, earnest, learn, heart, hearken, hearth, nicht für i; öhr in earth, heard, search, nicht für i, e; err in sterling, certain, dirge, firmament, firth, firm, nicht für ea; irr in girrock, myrrh, myrtel. Für heutiges $\bar{a}$ (§ 2) wird ausserdem ah (ă) in harlot, harm, äh in pardon, meist a, ä gegeben; eh in beard wie heir (§ 1). Wa: ab in heart, hearken, hearth wie heute; ä in pearl, earl; e wie e, aber her hör; i = ö in bird, dirt, shirt, sir, fir, aber e in virtue, birth, mirth. W. hatte er = ar ($\ddot{a}$) in perfect, verdict, verjuice, sergeant, dsgl. in heart, i = short u in first, third etc., i in myrrh (mir); first = fust (über Verstummen des r vgl. den Konsonantismus); die Nom. prop. Birmingham Brumijun, Bergamot Burgamy, Berwick Barrick, Guernsey Garnzee.

Bei den Fr. hat M₁ u. ₂: e fém. in her, wie in yet, red und der Endung — ness — less. (Ellis: her schon im XVII. Jh. mit ö). Bo: i = e ouvert in sir, fir, firm, virtue, mirth ; i approche du son de l'o in stir, dirt, shirt, third, thirst, bird ; i approche du son de l'a in Sirrah. Pl: i = eu

---

*) Ueber die auffällige Erscheinung von ʃ für s, c nach r, wie auch in den Verbindungen st sp, die in d. Gr. mehrfach begegnet, vgl. den Konsonantismus.

Lautzeichen.

u˙ = fr. route (geschl.).
u } = nordd. M*u*tter (mittel).
u. } = engl. book, f*u*ll (offen, meist bloss als *u* bezeichnet).
ū˙ = fr rouge, d. B*u*ch.
ū }
ū. } = engl. p*u*re.
ūw = engl. who.
jūw = engl. duke.
o˙ = fr. mot.
o }
o. } = d. Gott, fr. robe.
ō˙ = d. Mond, fr. trône.
ō }
ō. } = fr. or.
ōu = engl. no, kn*o*w.
d = engl. hot.
đ = engl. all.
a = londonisch b*u*t; etwas heller ist fr. patte, ital. matto.
ā = engl. h*a*rd.
ä = engl. h*a*t.
ǟ = engl. *ca*re, *ai*r.
e. } = d. fett, engl. let, fr. tel
e } (offen mittel).
e. = fr. blé (geschl.).
ē. }
ē } d. Bär, fr. faire.
ę̄ = d. See, Fehde.
ęi = engl. make, day.
ɩ = der helle Vokal tonloser Silben: engl. city, event, village.
i. }
i } = engl. bit, nordd. bin.

i˙ = südd. bin, fr. vif.
ī. }
ī } = engl. here.
ī˙ = fr. rive, d. mir.

œ = d. können, fr. neuf (k. offen).
ō̄ = d. schön, fr. jeûne (l. geschl.).
ö = nordengl. but.
ȫ = engl. fir, turn.
ü = d. Hütte (offen), durer (geschl.).
ṻ = d. kühn, fr. mur (geschl.).
ə = d. tonlose Vokal: Gebot, Bitte.
ɑ = engl. tonlose (dunkle) Vokal: ivory, stirrup, real; engl. r: hard, year.
ǫ = fr. de, te.

ai = d. Stein, engl. time.
aɩ = hll. haai.
au = d. Haus, engl. house.
au̯ = hll. kaauwen.
oi = d. Heu.
ōi = engl. toil.
õ = fr. on, tomber.
ã = fr. en, dans.

ç = d. ich (palatal).
j = d. ja (palatal), engl. yet.
dž = engl. gender.
tš = engl. choice.
ž = engl. occasion, fr. jouer.
š = engl. sharp, fr. charmant.